Nordseeküste Schleswig-Holstein

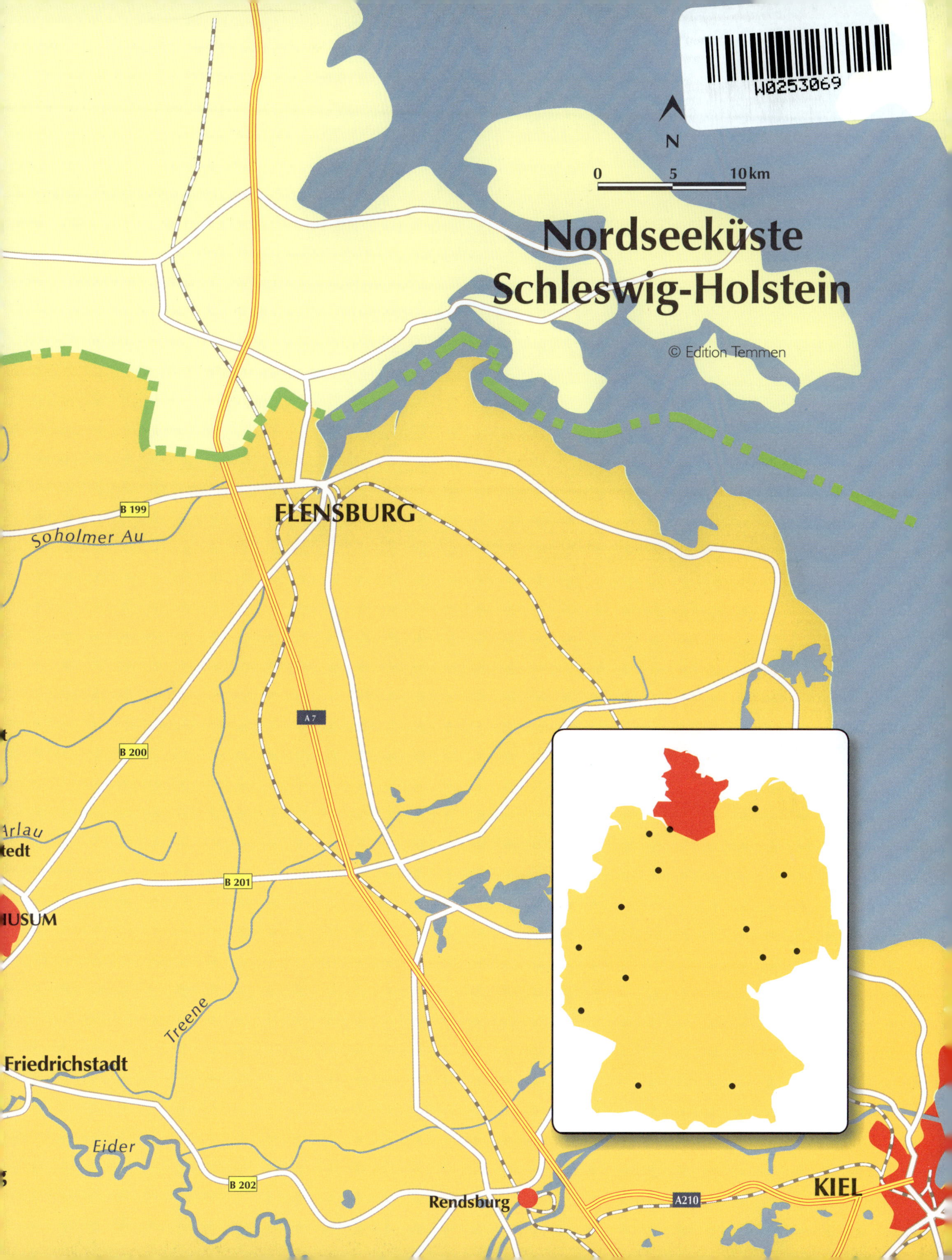

Nordseeküste Schleswig-Holstein
– von Sylt bis Brunsbüttel

Werner Scharnweber

Nordseeküste Schleswig-Holstein
von Sylt bis Brunsbüttel

Reisebilder

Mit 233 Abbildungen

Edition Temmen

Die Deutsche Bibliothek verzeichnet diese Publikation in der Deutschen Nationalbibliografie; detaillierte bibliografische Daten sind im Internet unter http://dnb.ddb.de abrufbar.

Bildnachweis:
S. 44, 44/45: Historische Sammlung W. Scharnweber
S. 58: Kartenzeichnung übernommen aus der Jubiläumsschrift »25 Jahre Sönke-Nissen-Koog«
(Historische Sammlung W. Scharnweber)
S. 85: aus: »Illustrirtes Konversations-Lexikon«, 1878
S. 181: Die Zeichnung von E. Hartmann wurde veröffentlicht in »Schleswig-Holstein. Meerumschlungen« von Adalbert Graf Baudissin, 1865. Übernommen aus dem Neudruck Kiel 1978, Verlag Bernd Schramm
S. 204: Bildnachweis: L. Hermannsen, Archäologisches Landesamt Schleswig-Holstein
S. 218: Martin Stock/Nationalparkverwaltung
S. 219: Archiv Nationalparkverwaltung

Alle anderen Aufnahmen:
Werner Scharnweber

Frontispiz:
Junge Dünen auf dem Kniepsand von Amrum

1. Auflage 2009

Hohenlohestr. 21 – 28209 Bremen
Tel. 0421-34843-0 – Fax 0421-348094
info@edition-temmen.de – www.edition-temmen.de

Karte: Edition Temmen
Herstellung: Edition Temmen

ISBN 978-3-8378-5005-5

Inhalt

VORAB

SYLT

NORDFRIESISCHE FESTLANDSKÜSTE, NORDSTRAND

HUSUM

WATTENMEER, NATIONALPARK, KÜSTENSCHUTZ

PELLWORM, FÖHR, AMRUM

HALLIGEN

EIDERSTEDT, ST. PETER-ORDING, TÖNNING

DITHMARSCHEN, BÜSUM

ANHANG

VORAB

Was dazu gehört

Die schleswig-holsteinische Nordseeküste beginnt im Norden an der Staatsgrenze zu Dänemark. Eine Grenze, die im (ziemlich) geeinten Europa »offen« ist. Es folgt die nordfriesische Festlandsküste. Vorgelagert liegen im Meer die Inseln: Sylt, Amrum, Föhr, Pellworm, Nordstrand. Und die Halligen: Oland, Langeness, Gröde, Habel, Hooge, Nordstrandischmoor, Südfall, Süderoog und Norderoog. Auf dem Festland schließt sich Eiderstedt an, die markanteste Halbinsel Schleswig-Holsteins. Sodann Dithmarschen, jedenfalls der westliche Teil, also die Marsch. Im Süden endet die Nordseeküste des Landes an der Elbe. Oder sie beginnt hier. Dann nämlich, wenn man statt von Nord nach Süd von Süd nach Nord blickt. Wie es ja eigentlich üblich ist.

Nordsee an einem windstillen, sonnigen Tag

An einem Wintertag, dramatisch-schöne Wolken über dem Wattenmeer

Küstenlänge

Die Küstenlänge des Landes Schleswig-Holstein an der Nordsee beträgt von der dänischen Grenze bis zur Halbinsel Dieksand ohne Inseln 202 Kilometer, mit Inseln und Halligen 468 Kilometer. So ist es nachzulesen im »Statistischen Jahrbuch Schleswig-Holstein« (Ausgabe 2007), herausgegeben vom Statistischen Amt für Hamburg und Schleswig-Holstein. Die Angaben sind zutreffend, weil ja amtlich.
Allerdings mißt das Statistische Amt die Küstenlänge im Süden nur bis zur Halbinsel Dieksand. Den südlich anschließenden Küstenabschnitt von Dieksand (Friedrichskoog-Spitze) bis Neufelderkoog (Koogspitze) rechnet das Statistische Amt offenbar der Außenelbe-Küste zu. Im allgemeinen, landläufigen Verständnis gehört diese Strecke jedoch auch zur schleswig-holsteinischen Nordseeküste. Das gilt auch für dieses Buch. So sind den obigen Angaben noch etwa 19 Kilometer hinzuzurechnen. Folglich: Schleswig-Holsteins Nordsee-Küstenlänge beträgt von der dänischen Grenze bis Neufelderkoog ohne Inseln 221 Kilometer, mit Inseln und Halligen 487 Kilometer.

An sonnigen Tagen zeigt sich die Nordsee tiefblau

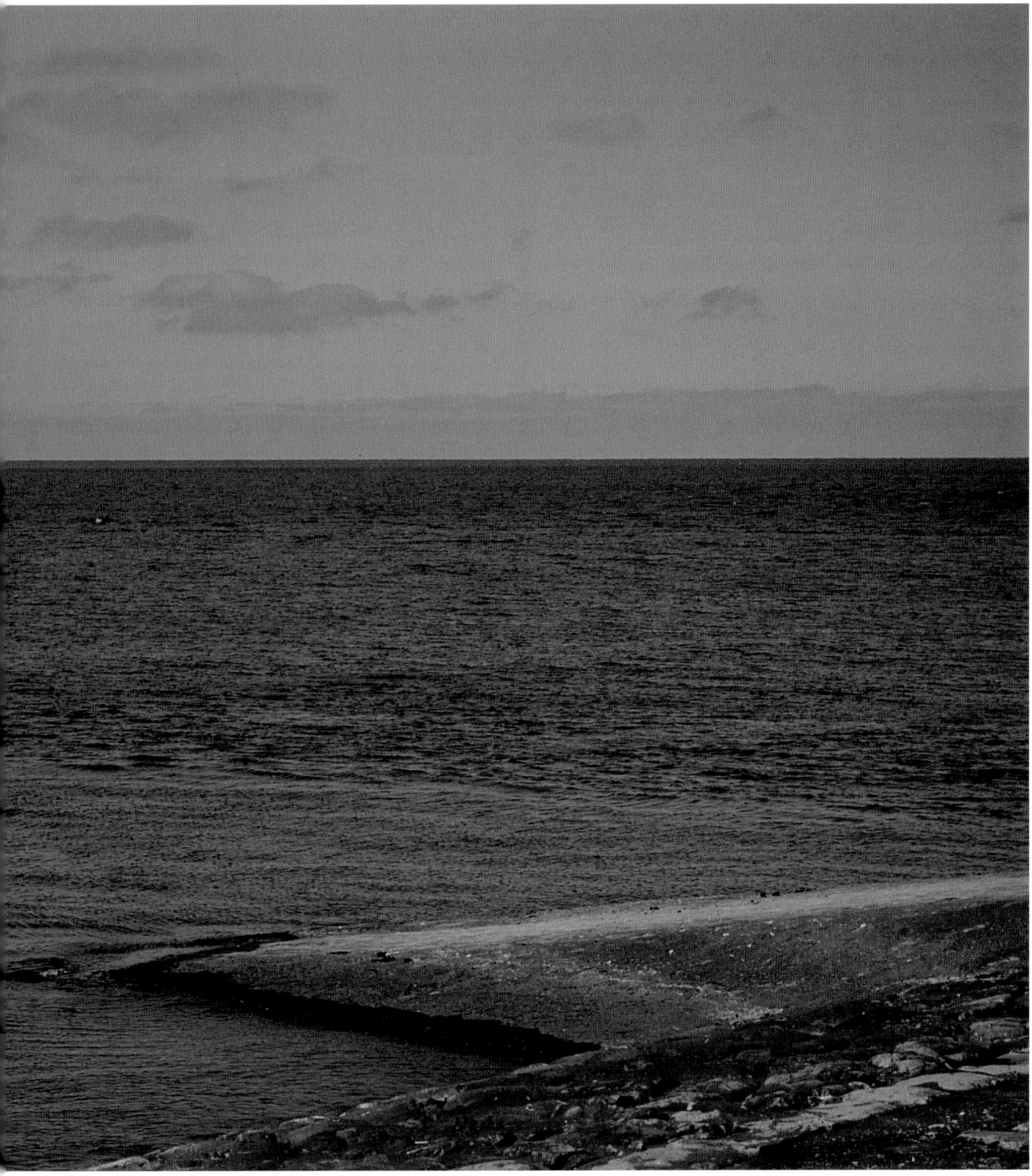

Als das Meer kam

Klimaveränderung, Klimaerwärmung gehören zu den wichtigsten Diskussionsthemen unserer Zeit. Und deren Folgen. Zum Beispiel Anstieg des Meereswasserspiegels infolge Abschmelzens der Polkappen. Müssen deshalb unsere Deiche weiter erhöht werden, fragt man sich an der Küste? Wenn nicht sofort, so doch in der nächsten, spätestens übernächsten Generation?
Die heutige Klimaveränderung ist durch den Menschen verursacht. Stichwort: CO^2. Einige Wissenschaftler bezweifeln allerdings, daß die derzeitige Klimaerwärmung ausschließlich Menschenwerk ist. Schließlich hat es enorme Klimaveränderungen auf der Erde in Millionen Jahren in geradezu stetigem Wechsel gegeben. Wechsel, die sich naturgesetzlich unendlich langsam, in langen erdgeschichtlichen Zeiträumen vollzogen. Auf Eiszeiten folgten Warmzeiten, dann wieder Eiszeit, wieder Warmzeit und so weiter. Experten unterscheiden für Nordeuropa unter anderem die Elster-Kaltzeit, Holstein-Warmzeit, Saale-Kaltzeit, Eem-Warmzeit, Weichsel-Kaltzeit. Die - vorerst? - letzte Eiszeit, die Weichsel-Kaltzeit, ging in unserer Region vor etwa 12.000 Jahren zu Ende.
Während der Eiszeiten waren unvorstellbar riesige Wassermengen durch Vergletscherung gebunden. Der Wasserspiegel der Weltmeere lag dadurch bedeutend niedriger. Hemmo Veenstra schreibt:*) *»Die Nordsee lag am Ende der letzten Eiszeit größtenteils trocken. Man schätzt, daß der Wasserspiegel während der Saalevereisung 120 Meter, während der Weichselvereisung 100 Meter niedriger lag als heute.«*
Auf Grund von Funden vermutet Veenstra, daß noch vor 7500 bis 10.000 Jahren große Teile der Nordsee bewohnt waren. Selbst Wälder wuchsen einst auf heutigem Nordseeboden, wie Funde freigespülter Stubben, zum Beispiel bei Hallig Gröde, erkennen ließen. Und Moore entstanden, was bekanntlich nur in Süß- und Brackwasserbereichen, nicht in Salzwasser möglich ist.
Die ungeheuren Wassermengen der abtauenden Gletscher ließen den Meeresspiegel der Weltmeere ansteigen. Schließlich schaffte der Atlantik den Durchbruch zur Nordsee. Aber noch vor

Nach der letzten Eiszeit kam das Meer

5000 bis 6000 Jahren soll der Meeresspiegel der Nordsee rund 5 bis 7 Meter niedriger gewesen sein als heute. Er ist weiter angestiegen. Und zwar auf den jetzigen Stand.
Stillstand gibt es in der Natur nicht. Also wird es weitergehen. In diese oder in jene Richtung. Wechselhaft eben, wie seit unendlich langen Zeiten.
Die Menschen pfuschen jetzt allerdings mit CO^2-Ausstoß und ähnlichen »Untaten« der Natur ins Handwerk. Schlimm!

*) In seinem Bericht »Struktur und Dynamik des Gezeitenraumes«. Veröffentlicht in der deutschen Ausgabe von »Wattenmeer«. Karl Wachholtz Verlag Neumünster, zweite Auflage 1977

Von Nordfriesen und Dithmarschern

An der Küste wohnen im Norden Nordfriesen, im Süden Dithmarscher. Als, beginnend im 8. Jahrhundert, die Friesen ins Land nördlich der Eider einwanderten, siedelten südlich der Eider die Dithmarscher schon seit langer Zeit.

Nordfriesen, insbesondere jene auf den Inseln und Halligen, waren früher dem Meer zugewandt. Notwendigerweise, um ihre Familien ernähren zu können. Als hochqualifizierte Kapitäne und Mannschaften verdingten sie sich auf fremden Schiffen. Die Dithmarscher hatten mit der doch stets nahen See wenig im Sinn. Dithmarschen war Bauernland.

Also: Nordfriesen und Dithmarscher entstammen ursprünglich verschiedenen Volksstämmen. Und ihre Lebensumstände entwickelten sich unterschiedlich. Wodurch sich - zum Teil - auch unterschiedliche Wesensmerkmale ausbildeten. Gemeinsam war ihnen stets Heimatverbundenheit und ein ausgeprägter Wille zur Wahrung von Eigenständigkeit und überkommenen Rechten. Das gilt noch heute.

Ansonsten hat sich inzwischen alles mehr und mehr angeglichen. Schließlich haben sich Nordfriesen und Dithmarscher im Laufe der Jahrhunderte mit »anderen Völkern« »vermengeliert«. Und die Zeiten, in denen Nordfriesen vor allem zur See fuhren, sind vorbei. Ebenso besteht die Dithmarscher Marsch nicht mehr nur aus Landwirtschaft.

Auf dem Friedhof von Nebel auf Amrum erinnern Schiffsdarstellungen auf historischen Gedenksteinen an jene Zeiten, in denen viele Nordfriesen zur See fuhren

Die Dithmarscher waren von jeher weniger der See als vielmehr dem Land zugewandt. Heute bilden die Marschen Dithmarschens das größte geschlossene Kohlanbaugebiet Europas

SYLT

Die Insel der Reichen und Schönen?

»Sylt – die Insel der Reichen und Schönen« – dieser Slogan geistert seit Jahrzehnten durch den deutschen Zeitungs- und Zeitschriftenblätterwald, vor allem durch die Yellow Press. Stimmt er denn noch, der Spruch? Nun, eine Billig-Urlaubsinsel ist Sylt gewiß nicht. Aber im Durchschnitt nicht so (über-)teuer, daß nur die Reichen hier Urlaub machen könnten. Und die Schönen? Die gibt es tatsächlich, an allen Inselstränden – so, wie in anderen deutschen Urlaubsregionen auch. Aber eben nicht nur die Schönen, sondern alle anderen Ausgaben des Homo sapiens ebenfalls, Menschen wie »du und ich«.
Also ist er doch ein wenig überholt, der Slogan von der Insel der Reichen und Schönen? Ja – wenn es da nicht Kampen gäbe. Kampen hat so seinen Ruf. Und den nicht ungern. Kampen war und ist Treffpunkt der VIP-Gesellschaft, der gehobenen Geldklasse. Und wo »richtiges Geld« ist, gehören die Schönen bekanntlich dazu.

Das Rote Kliff von Kampen

Kampen will exklusiv sein. Und ist es auch. In den Geschäften der Nobelklasse wird angeboten und gekauft, was gut und vor allem teuer ist. Die Straße Strön-Wai, so sagt man, sei noch immer die bekannteste Whisky-Meile nördlich der Alpen. Der Ruf mancher Gaststätten ist bundesweit (und darüber hinaus) legendär. Hier hat schon alles gefeiert, was zwischen Hamburg und München, zwischen Düsseldorf und Berlin Rang und Namen und Geld hat - oder doch hatte. Nämlich die wirklich Reichen und die Möchte-gern-Reichen, die wirklich Berühmten und die Möchte-gern-Berühmten, die wirklich Schönen und die Möchte-gern-Schönen.
Und dennoch: Das Beste an Kampen ist das großartige Rote Kliff mit dem vorgelagerten weißen Strand. Hier tummeln sich gern auch jene, deren Namen noch nie in der Yellow Press standen, die nicht zur VIP-Gesellschaft gehören.

Am Strand von Kampen mit ortstypischem Reetdachhaus

Blick vom Roten Kliff

Sylter Broterwerb

Man stelle sich das vor: Sylt ohne Fremdenverkehr. Nicht auszudenken! Und doch - einst war es so. Da mußten die Inselfriesen ihr täglich Brot ganz anders verdienen: als Fischer nämlich und als Matrosen und Speckschneider auf den Walfangschiffen der Hamburger und Holländer vor Grönland und Spitzbergen. Später waren die Sylter als Steuerleute und Kapitäne auf den Handelsschiffen fremder Flaggen in aller Welt bekannt, gefragt und berühmt. Sie brachten Geld auf die Insel, Wohlstand gar für die Familien. Aber viele kehrten auch nicht zurück. Sie waren mit ihrem Schiff untergegangen, starben in der Ferne am »gelben Fieber« oder wurden von nordafrikanischen Seeräubern gekapert, gefangen genommen und als Sklaven verkauft. Der Frauenüberschuß auf Sylt war folglich groß. Die Armut in den Häusern der Witwen und Waisen auch. Ackerbau und Viehhaltung wurden betrieben, auf Feldern, die immer wieder vom Flugsand der Wanderdünen bedroht und vernichtet wurden. Möweneier sammeln und Stricke aus Dü-

Die hellen Strände von Sylt scheinen ...

... endlos zu sein. Sie sind ein »unschlagbares« touristisches Kapital

nengras drehen gehörten zu den Tätigkeiten, mit denen man sich durchbrachte. Ach ja, dann gab es noch das Strandgut. Die Schiffe, die in früheren Jahrhunderten auf den Sandbänken vor der Insel strandeten, durch Sturm und hochgehende See auf Strand und Küste geworfen wurden, füllen die Chroniken Seite um Seite. Da wurde - Strandrecht hin, Strandrecht her - von den Insulanern einfach abgeräumt.
Kurzum: Man kam zurecht. Auch wenn im Winter die Insel infolge Eisgangs oft tage- und wochenlang vom Festland abgeschnitten war. Dann, um 1850, kamen die ersten Badegäste. Anno 1856 gründeten die Herren Dr. Roß aus Altona und Wulf Manne Dekker aus Westerland die Seebadeanstalt. Drei Jahre später wurde - »auf Kosten der Actionaire« - im Seebad Westerland ein zweites Hotel errichtet. 1862 besuchten 500 Badegäste das Seebad. Im Jahr, nicht im Monat. Heute kommen jährlich hunderttausende Gäste. Tagesausflügler und Zweitwohnungsinhaber noch zusätzlich.
Deshalb: Als Dünengrasdreher oder Strandguträuber muß heute kein Sylter sein täglich Brot verdienen. Man hat ja die Touristen. Reichlich.

Sylts »Ellenbogen«

Im Norden auf Listland, mit der langgestreckten schmalen Halbinsel Ellenbogen, ist Sylt sandgeboren. Schwemmsand vom Meer mit hellen Stränden. Und Dünen, Dünen. Eine großartige Naturlandschaft. Sie wird ständig umgeformt, durch neue, vom Wind aufgewehte Dünen. Durch Meeresströmungen, die Sand herantransportieren und ablagern. Aber auch durch hoch auflaufende Sturmfluten, die Strand und Dünen abtragen. Der Ellenbogen, ein wunderbares, immer wieder neues Erlebnis.

Landschaft am Ellenbogen

Dünen auf dem Ellenbogen

Im Dünengelände des Ellenbogens

Technik-Denkmal Leuchtturm List-Ost

Leuchtturm List-Ost steht 24,88 Meter über NN, im Dünengelände des Naturschutzgebietes Ellenbogen auf dem Nordende von Sylt. Er ist rund, nach oben sich konisch verjüngend, 13,6 Meter hoch, mit umlaufender Galerie unterhalb der Laterne, diese bedeckt von einem flachen, kreisrunden Zeltdach. Seine Farben: Weißer Turm mit rotem Band und roter Laterne. Ein »Bild von einem Leuchtturm«. Und er bringt es bereits auf das respektable Alter von 150 Jahren. Am 1. Januar 1858 hat er – wie sein baugleicher »Bruder« Leuchtturm List-West – seinen Betrieb aufgenommen. Anfangs wurde sein Licht durch brennendes Petroleum erzeugt, ab 1927 durch Flüssiggas. Elektrisch wird seit 1936 geleuchtet. Leuchtturm List-Ost ist der älteste noch aktive Eisen-Leuchtturm Deutschlands. Ein Technik-Denkmal. Und noch immer »im Dienst«.

Leuchtturm List-Ost

Leuchtturm List-West

Rantum vor 155 Jahren und heute

Johannes von Schröder hat vor 155 Jahren in seiner »Topographie des Herzogthums Schleswig« (2. Auflage, 1854) über Rantum wie folgt berichtet:
»Rantum, das südlichste Dorf auf einer fast ganz mit wilden Dünen, romantischen Dünenthälern und kleinen Seen angefüllten schmalen Landzunge der Insel Sylt (Hörnum genannt). Dieses Dorf, welches vormals sehr ansehnlich und noch um die Mitte des vorigen Jahrhunderts wohlhabend war, ist nach und nach durch Ueberschwemmungen und durch fortgesetzte Wanderung der Sanddünen ostwärts zu einem der ärmsten Dörfern herabgesunken. Es besteht jetzt nur aus 6 mehrentheils kleinen Wohngebäuden nebst einem aus Mangel an Schülern seit 1852 leerstehenden Schulhause.«

Pure Lebensfreude am Strand

Heute ist Rantum ein anerkanntes, viel frequentiertes, weiter sehr aufstrebendes Nordseebad. Im »Gastgeberverzeichnis 2008« werden Rantums »Wirkstoffe« so beschrieben: *»Ruhe, Meer, Watt«*. Aber auch die zu beachtenden »Gegenanzeigen« werden genannt:
»Sie sollten keinen Urlaub in Rantum machen, wenn Sie

- *frische Luft nur schwer vertragen*
- *überempfindlich auf weiße Sandstrände reagieren*
- *tosende Nordseebrandung als akut gesundheitsschädlich ansehen.«*

Mächtige Wanderdünen wie diese waren in früheren Jahrhunderten das Schicksal des »alten Rantums«. Diese noch aktive, bis zu 35 Meter hohe Wanderdüne befindet sich allerdings auf Listland im Norden von Sylt

Da möchte man sich doch gleich auf Urlaubsreise begeben. Kurs: Rantum.

Von St. Pauli nach Hörnum

Die großen Salondampfer der Hamburg-Amerika-Linie hießen »KÖNIGIN LUISE«, »COBRA«, »SILVANA«, damals in den Jahren vor 1914. Vom 1. Mai bis zum 30. September fuhren sie von Hamburg St. Pauli-Landungsbrücken über Cuxhaven und Helgoland nach Hörnum auf Sylt. Die zu jener Zeit bekannten Sylter Nordseebäder Westerland, Wenningstedt und Kampen waren bereits sehr beliebt und viel besucht. Von Hörnum ging es dann mit der sogenannten Südbahn, einer Schmalspur-Eisenbahn, weiter nach Westerland. Die Südbahn gehörte der Hamburg-Amerika-Linie. Von einem Nordseebad Hörnum war noch keine Rede. Zitat in »Richters Reiseführer, Nordseebäder«, Ausgabe 1914/15: *»Hörnum besteht fast nur aus Dünen.«*

Albert Ballin, der berühmte Reeder und Generaldirektor der Hamburg-Amerika-Linie, hatte Hörnum ab 1901 als neuen Anlaufhafen für seine Schiffe bestimmt. Anstelle von Hafen Munkmarsch, der bis dahin angelaufen wurde. Was aber nur mit kleineren Schiffen möglich war.

Um die Ansteuerung des Hafens Hörnum noch sicherer zu machen, genehmigte die Regierung die Aufstellung eines Leuchtturmes. Vermutlich auf Wunsch von Ballin. Dem Chef der damals größten Reederei der Welt wurden solche Bitten erfüllt!

Also Leuchtturm Hörnum. Auf Position 54° 45' 17" Nord, 8°, 17', 36" Ost. In Betrieb seit dem 8. August 1907. Das Bauwerk des Turmes, aus vorgefertigten Gußeisenplatten zusammengeschraubt, ist 33,5 Meter hoch. Weil der Turm auf erhöhtem Gelände steht, beträgt seine sogenannte Feuerhöhe 48 Meter. Es ist ein roter Turm mit weißem Band.

Einzigartig war die zweite Nutzung des Turmes: als Schulhaus. In einem der Obergeschosse wurden bis 1930 die wenigen Schüler aus Hörnum unterrichtet.

Salondampfer der Hamburg-Amerika-Linie kommen schon lange nicht mehr zum Hafen Hörnum, der nun von Ausflugsschiffen genutzt wird. Und auch die Schmalspur-Südbahn gibt es nicht mehr. Hörnum aber ist bereits seit 56 Jahren anerkanntes, respektables, besonders familienfreundliches Nordseebad.

Die berühmten Dünen von Hörnum-Odde, oft von Sturmfluten gebeutelt, gibt es noch. Auch den Leuchtturm. Der erinnert noch immer ein wenig an Ballins Salondampfer, die Gäste zur Insel brachten.

Eine Zweifach-Nutzung des Leuchtturmes wird auch wieder praktiziert. Brautpaare können im Turm heiraten.

Leuchtturm Hörnum
erinnert an jene Zeiten, als die Salondampfer
der Hamburg-Amerika-Linie kamen

In den Dünen von Hörnum-Odde

Strandraub

Unzählige Schiffe strandeten in früheren Jahrhunderten vor Sylt. Wie es dann zuging am Strand, schildert C.P. Hansen in seinem Buch »Chronik der Friesischen Uthlande«*). Zum Beispiel die Strandung von Schiffen vor Hörnum im Jahr 1703 wie folgt:

»Während eines Sturms im December 1703 strandeten mehrere Schiffe auf Hörnum, unter anderem ein russisches mit Roggen, Hanf und Juchten, und ein holländisches, mit Manufacturwaaren beladen (...). Von der Besatzung dieser Schiffe waren bei der Strandung 38 Mann ertrunken, die Schiffsladungen aber wie gewöhnlich glücklich geborgen worden. Das sonst so verödete Hörnum war plötzlich durch eine Menge von allen Seiten herbeieilender und schiffender Glücksritter belebt worden; alle suchten Theil zu nehmen an dem reichen Strandsegen, und selbst die Strandbeamten, ja der Sage nach sogar der damalige Amtmann zu Tondern, sollen bei diesem allgemeinen Raube nicht reine Hände behalten haben.«

*) Verlag H. Lührs & Dircks; Garding. Zweite Auflage, 1877

Das wunderschöne Südende von Sylt bei Hörnum-Odde. In früheren Jahrhunderten strandeten hier viele Schiffe

Westerland – lebhafte Inselmetropole

Mit rund 9000 Einwohnern*) ist Westerland eine Kleinstadt - eigentlich. Hinzuzurechnen sind jedoch zirka 25.000 Gästebetten*), die jährlich von etwa 280.000 Gästen*) genutzt werden. Außerdem kommen Urlauberscharen aus anderen Inselorten, die für einen Tag oder/und eine lange Nacht Westerland besuchen.
Ihnen allen - den Urlaubern, den Tagesgästen, den Einheimischen - muß Westerland »alles« bieten. Und tut es auch. Von kuscheliger Kleinstadtenge keine Spur. Westerland ist das pulsierende Inselzentrum, in dem sich Großstadtflair mit maritimem Lebensgefühl verbindet. Für's Maritime sorgt die freie Nordsee am sieben Kilometer langen Westerländer Sandstrand, einschließlich jeglicher Strand- und Urlaubsangebote.
Überhaupt: Westerland ist ein kompletter Urlaubskosmos. Allerdings nicht nur genutzt von Touristen. Westerland ist auch eine beliebte Adresse für Tagungen und Kongresse. Wie man hört, kommt für deren Teilnehmer der Anteil »schöne Urlaubsstunden« nicht zu kurz. Das ist man Sylt im Allgemeinen und Westerland im Besonderen auch schuldig.

*) Zahlenangaben nach »Westerland/Sylt - Urlaubsmagazin 2007«

Westerland - in der Stadt

Das Beste an Westerland – und an allen Stränden der Sylter Westküste – das Bad in der Brandung

Am Strand von Westerland

Bade-Ordnung für Westerland – 1894

»Bade-Ordnung. Damen sowohl wie Herren haben am Strande ihre Badekarte der Oberwärterin bezw. dem Oberwärter abzugeben und erhalten dafür eine Marke, deren Nummer beim Freiwerden einer Badekarre aufgerufen wird. Der Oberwärter (die Oberwärterin) ist angewiesen, auf die Badenden acht zu geben, sie vor gefährlichen Stellen im Wasser zu warnen und ihnen im Notfall Hülfe zu gewähren. (...) Das Baden ist nur an den mit Tafeln als Herrenbad (Damenbad) bezeichneten Plätzen, und zwar unter Benutzung einer Badekarre, nur von 6 Uhr morgens bis 2 Uhr nachmittags erlaubt, und sobald die Flaggen am Strande und auf den Dünen eingezogen sind, untersagt. Auch dürfen der Damenstrand und die längs desselben belegenen Dünen von Herren nicht betreten werden, so lange die Flaggen aufgezogen sind (...)«.

(Aus: »Griebens Reiseführer. Band 55. Die Ost- und Nordsee-Bäder«. 6. Auflage. Verlag Albert Goldschmidt. 1894)

»Badecostüme für das Seebad«, anno 1888. Vorgestellt im Modeteil der »Illustrierten Zeitung«, Ausgabe vom 14. Juli 1888

Am Damenbadestrand von Westerland, anno 1888. Veröffentlicht in »Illustrierter Zeitung«, Ausgabe vom 22. September 1888

Morsum-Kliff

Morsum-Kliff auf Sylt: ein geologisches Naturwunder. Nicht nur für Geologen. Da hat Mutter Erde in verschiedenen Erdzeitaltern mehrere Schichten aufeinander gelagert: Schwarzgrauer Glimmerton aus der Ur-Nordsee vor etwa acht bis zehn Millionen Jahren. Rund fünf Millionen Jahre später dann eisenhaltige Sander, die sich mit Teilen des Glimmertons verbanden und so rostfarbenen Limonitsandstein entstehen ließen. Vor drei Millionen Jahren schließlich transportierten mächtige Flüsse aus skandinavischen Regionen hellen Kaolinsand (bekannt als Porzellanerde) heran.

Normalerweise sind derart übereinandergelagerte Erdschichten im Untergrund versteckt, nicht sichtbar. Dank der hohen Steilküste des Morsum-Kliffs liegen diese Erdzeitablagerungen in ihren unterschiedlichen Farben wie angeschnitten dem

Motive am Morsum-Kliff

Betrachter offen. Damit nicht genug. Die vorletzte Eiszeit – vor »erst« 500.000 Jahren – sorgte mit den machtvollen Schubkräften hoher Gletscher für »Stauchungen«. Die bis dahin vertikalen Ablagerungsschichten verschoben sich gestaffelt in eine schräge Lage, wurden teilweise hinter- und nebeneinander »umsortiert«. Wie hier am Kliff eindrucksvoll zu erkennen ist. Die Dünen oben auf dem Kliff sind jung, erst in den letzten 1000 Jahren von der heutigen Nordsee aufgeweht. Die Kräfte der Natur mit Wind, Regen und Frost, mit hochauflaufender Flut, mit der Schmirgelwirkung aufgewirbelter, windgepeitschter Strandsände verändern das Kliff unentwegt. Sie lassen diese imposante Steilküste »leben«, schaffen neue Abbrüche und Formen. Dadurch bleiben auch die verschiedenen Farben des Kliffs stets »frisch«. Das Morsum-Kliff und die aufgewehte Dünenwelt sind Naturschutzgebiet.

Dünen aufgeweht oben auf dem Morsum-Kliff

Keitum – Friesendorf mit Flair

Keitum, sagen die Keitumer, sei das heimliche Juwel der Insel. Ein romantisches Friesendorf sei es, mit Flair. Mit engen Gassen, kleinen Winkeln, reetgedeckten Friesenhäusern, Friesenwällen, Bauerngärten, alten Kapitänshäusern. Um »alle Welt« darüber zu informieren, haben die Keitumer (jedenfalls die Kurverwaltung) vorstehende Ortscharakterisierung aufgeschrieben, im Touri-Infoheft »Seebad Sylt-Ost«.

Derartige touristische Informationsbroschüren gab es vor 144 Jahren noch nicht. Wohl aber einen Keitumer, C.P. Hansen, der sein Dorf auch damals mit lobenden Worten beschrieb. Nämlich in seinem Buch »Das Schleswig'sche Wattenmeer und die friesischen Inseln«, erschienen 1865. Ein Auszug:

»Das Dorf Keitum. Es ist ein großes, wohlgebautes, auf der Mitte der Insel (...) liegendes Dorf, hat viele ansehnliche und reinliche Häuser, chausseeartige Straßen, baumreiche Gärten, einen kleinen Hafen für die Fähr- und Austernschiffe und eine stattliche Kirche am nördlichen Ende des Dorfes; im ganzen 170 Wohnhäuser und 785 Einwohner, unter welchen 1850: 102 Seefahrer und 40 Capitaine, Schiffer und Steuerleute waren. (...) Handelsleute, Handwerker und Gastwirthe sind hier zur Genüge. Die Seefahrt, Austernfischerei und Landwirtschaft sind aber Hauptnahrungszweige der Keitumer.«

Statt Seefahrt, Austernfischerei und Landwirtschaft ist heute Tourismus der (wie C.P. Hansen schreiben würde) Hauptnahrungszweig der Keitumer. Und wie vor 144 Jahren gilt: Gastwirte sind hier zur Genüge.

In der Tat, Keitum hat sich, insbesondere im alten Dorfkern, viel vom wohlhabenden friesischen Zauber aus der Zeit von C.P. Hansen bewahren können.

Keitumer Motive

NORDFRIESISCHE FESTLANDSKÜSTE, NORDSTRAND

Der letzte Koog

Verlorenes Land wiedergewinnen, Land neu gewinnen - seit Jahrhunderten an der Küste durch Eindeichungen praktiziert. Jeder neu gewonnene Koog bedeutet zugleich erweiterten Schutz des dahinter liegenden Landes.
Seit 55 Jahren aber ist Landgewinnung kein Thema mehr. Der 1953/54 eingedeichte Friedrich-Wilhelm-Lübke-Koog, südlich des nach Sylt führenden Hindenburgdammes, ist der letzte Koog, der zur Landgewinnung eingedeicht wurde. Damals bestand noch Landbedarf. Durch den Zweiten Weltkrieg heimatvertriebene Bauern hofften

Einfahrt in den Friedrich-Wilhelm-Lübke-Koog

Motiv im Friedrich-Wilhelm-Lübke-Koog, gleich hinter dem Seedeich

hier auf einen Neubeginn. Der Ansiedlungsplan für den neuen, rund 1300 Hektar großen Koog sah wie folgt aus:

41 bäuerliche Stellen mit einer Betriebsgröße von 23 bis 25 Hektar
15 Deicharbeiterstellen
1 Gastwirtschaft mit Kaufmannsladen
1 Schmiede und Landmaschinenschlosserei.

Rund 3000 Siedler bewarben sich um die Stellen. Benannt ist der Koog nach Friedrich-Wilhelm-Lübke, bis 11. Oktober 1954 Ministerpräsident von Schleswig-Holstein. Er starb am 16. Oktober 1954, fünf Tage vor Deichschluß des neuen Koogs.

Mit diesem Koog ging die rund 1000 Jahre lange, von Erfolgen und oft auch dramatischen Mißerfolgen geprägte Geschichte der Eindeichungen zwecks Landgewinnung an der schleswig-holsteinischen Nordseeküste zu Ende. Spätere Bedeichungen, wie der Hauke-Haien-Koog, der Beltringharder Koog, der Dithmarscher Speicherkoog, dienen ausschließlich oder doch absolut vorrangig dem verbesserten Küstenschutz und einer verbesserten Entwässerung.

»Inseln im Land«

In vielen küstennahen, vorwiegend landwirtschaftlich geprägten Kögen fehlen geschlossene Ortschaften. Selbst die Höfe stehen nicht beieinander, sondern halten Abstand. Stets zum Windschutz mit Büschen und Bäumen umgeben, wirken sie wie »Inseln im Land«.

Landwirtschaftliche Hofanlage im Friedrich-Wilhelm-Lübke-Koog – wie eine »Insel im Land«

Frühlingstag

Mitte April, ein wunderbarer Frühlingstag. Hellblauer Himmel, strahlende Sonne, 12° Grad warm, der Wind, ein nur schwach fächelnder Lufthauch. Die rund 700 Hektar großen Speicherbecken des Hauke-Haien-Koogs zeigen sich als schönes Landschaftsbild. Tiefblaue Wasserflächen komponiert mit winterbraunen Schilfbeständen.

Speicherbecken Hauke-Haien-Koog

Das Land rückte vor

Große Landflächen sind im Laufe der Jahrhunderte durch verheerende Sturmfluten im Meer versunken. Aber die Nordsee gab und gibt auch Land zurück.
Ein Beispiel: die vormalige Bredstedter Bucht. Hier hatte sich durch Aufschlickungen weiträumiges Vorland gebildet. Der dänische König Christian IV. (die Dänen hatten hier damals »das Sagen«) wollte dieses Vorland landfest machen und einen neuen großen Koog gewinnen. Durch einen Deich, der zwischen Ockholm im Norden und der Hattstedter Marsch im Süden verlaufen sollte. 1619 begann der Deichbau. Der Plan scheiterte. Einerseits, weil der Deich viel zu lang projektiert war, der See somit viele Angriffspunkte bot. Andererseits, weil der Deich zum Teil weit vorgeschoben auf unsicherem, nicht tragfähigem Watt stehen sollte. Sturmfluten vernichteten die bereits errichteten ersten Deichabschnitte.
Knapp 100 Jahre später ein neuer Versuch. Durch Octroi*) vom 29. Oktober 1708 verlieh die königlich dänische Regierung als Belohnung für treue Dienste dem Geheimrat Wieben, dem Etatsrat von Walter und dem Kammerherrn von Eichstaedt das vor Bredstedt liegende, eindeichungsreife Land zu je einem Drittel. Die Herren ließen deichen. Aber auch dieser Versuch gelang nicht.
Dann wurden diese Vorländer durch Octroi vom 6. Oktober 1733 dem Geheimen Rat Jean Henri Huguetan, dänischer Lehnsgraf von Güldenstein, und seinem Sohn, Johann Heinrich Desmercieres, die vorher die Rechte von den Vorbesitzern bil-

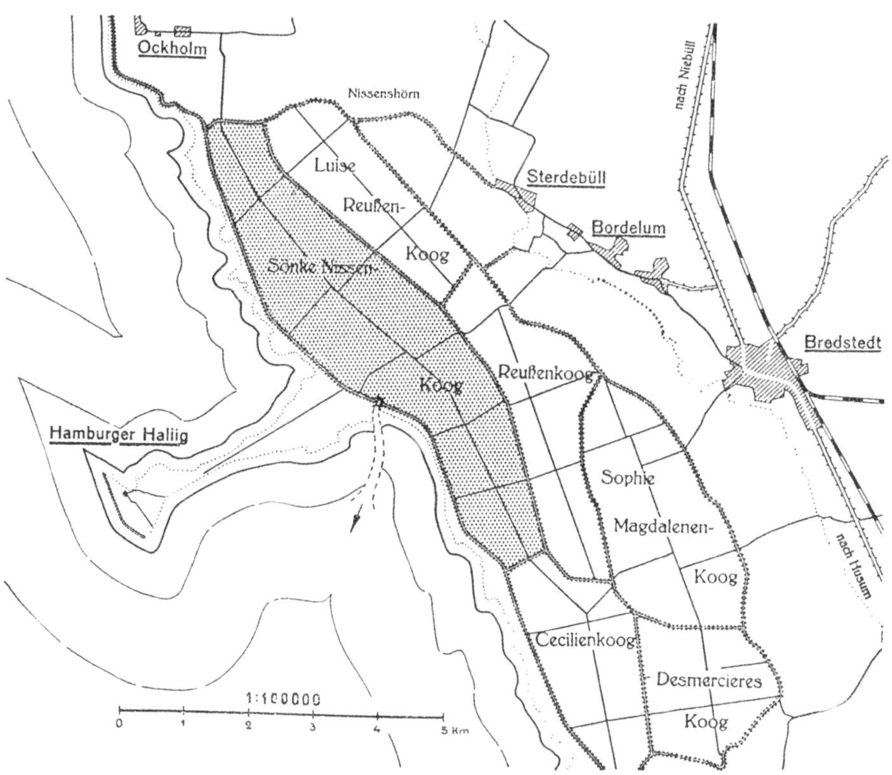

Die sechs zwischen 1743 bis 1926 gewonnenen Köge in der vormaligen Bredstedter Bucht

Blick in den Desmerciereskoog

lig erworben hatten, zur Bedeichung verliehen.**)
Die neuen Eigentümer wiederholten nicht alte Fehler. Sie gingen schrittweise vor, mit kleineren, leichter zu beherrschenden Einheiten. Und sie hatten Erfolg. Zwischen 1741 - 1743 entstand der Sophien-Magdalenen-Koog, 1765 - 1767 der Desmerciereskoog.
Im Erbwege wurden sodann die Reichsgrafen von Reuß neue Eigentümer der beiden Köge und des Vorlandes. Auch sie ließen weiter deichen. 1788 war der Reußenkoog eingedeicht, 1800 der Luise-Reußen-Koog. Damit war das bedeichte, feste Land weiter in Richtung See vorgerückt. Bredstedt lag nun weiter im Landesinnern.
Weitere 100 Jahre vergingen, bis festes, eingedeichtes Land hier wieder in Richtung See vorgeschoben werden konnte. 1903 - 1905 entstand, westlich anschließend an den Sophien-Magdalenen-Koog und den Desmerciereskoog, der Cecilienkoog.
1924 - 1926 wurde der Sönke-Nissen-Koog gewonnen. Dieser Koog mit der neuen Außendeichlinie ist dem Luise-Reußen-Koog und dem Reußenkoog westlich vorgelagert.
Mit diesen in 183 Jahren gewonnenen Kögen - Sophien-Magdalenen-Koog, Desmerciereskoog, Reußenkoog, Luise-Reußen-Koog, Cecilienkoog und Sönke-Nissen-Koog - ist jenes Gebiet eingedeicht, das König Christian IV. bereits anno 1619 als festes Land gewinnen wollte.

*) Oktroi/Octroi: Von der Landesherrschaft verliehenes Privileg mit Gesetzeskraft

**) Angaben in Anlehnung an die Jubiläumsschrift »25 Jahre Sönke-Nissen-Koog«, herausgegeben am 24. Oktober 1948 vom Deichverband des Sönke-Nissen-Koogs

Koognamen »erzählen« Geschichten

Namen sind Nachrichten. Und manche Namen »erzählen« ganze Geschichten. Zum Beispiel diese: Sophien-Magdalenen-Koog. Benannt nach der damaligen dänischen Königin. Namensgebung in Dankbarkeit veranlaßt durch die Herren Huguetan und Desmercieres, die dank königlichem Privileg diesen Koog 1743 eindeichen und als Eigentum behalten konnten.

Desmerciereskoog. Der Herr Desmercieres soll der nichteheliche Sohn des Herrn Huguetan sein, geboren von einer Pariser Hutmacherin, die in der Rue des Mercieres wohnte. Der Straßenname wurde zum Nachnamen des Knaben gewählt: Desmercieres. Auch Vater Huguetan stammt aus Paris, war aber aus religiösen Gründen (Hugenottenverfolgung) nach Dänemark emigriert. Er brachte es hier zu Reichtum, Ansehen und zum dänischen Lehnsgrafen von Güldenstein. Sohn Desmercieres kam ebenfalls nach Dänemark, wurde Bänker, einer der reichsten Männer seines neuen Heimatlandes und zum Grafen erhoben. Der gemeinsam mit seinem Vater 1767 gewonnene Koog erhielt seinen Namen: Desmerciereskoog.

Reußenköge. Die vier Köge - Sophien-Magdalenen-Koog, Desmerciereskoog, Reußenkoog und Luise-Reußen-Koog - werden zusammen, auch ganz amtlich, Reußenköge genannt. Das kam so: Mit Testament vom 27. September 1774 hinterließ vorgenannter Herr Huguetan/von Güldenstein seinen Anteil an dem Sophien-Magdalenen-Koog, an dem Desmerciereskoog und an dem noch nicht eingedeichten Vorland seiner Enkelin, einer Marquise Lassado de Montelmone. Die war mit dem Reichsgrafen Heinrich IV. Reuß verheiratet. Sohn Desmercieres blieb kinderlos. Er starb 1778. Mit seinem Testament schloß er sich seinem Vater an und verfügte Reichsgrafen Heinrich XLIII. Reuß zum Universalerben. So

kamen die beiden Köge und das Vorland an das fürstliche Haus Reuß. Der Reichsgraf ließ weiter eindeichen und gewann 1788 den Reußenkoog, 1800 den Luise-Reußen-Koog. Alle vier damals im Eigentum des Hauses Reuß befindlichen

Reußenkoog – eine Kornkammer

Köge wurden nach eben diesem benannt: Reußenköge. Bei dieser Bezeichnung ist es geblieben. Oder wie man früher sagte: Fürstlich Reußische Köge.

Sönke-Nissen-Koog

Sönke-Nissen-Koog - ein »Bilderbuch-Koog«. Mit Deichen ringsum, noch immer eine (Koog-)Welt für sich. Die Binnendeiche (= Mitteldeiche) - landseitig geradezu abschirmend zu den angrenzenden Reußenkögen - waren bis vor 83 Jahren Außendeiche. Der heutige Außendeich zur Nordsee wurde 1926 geschlossen. In dem Jahr entstand der Sönke-Nissen-Koog, rund 1000 Hektar groß. Schmal ist er, aber langgestreckt, von Süd nach Nord. Eine einzige Straße führt hindurch. An der sich, großen Abstand haltend, die Gehöfte aufreihen. Die hatten anfangs alle das gleiche Aussehen. Große Wirtschaftsgebäude mit im Winkel angefügtem, kleinerem Wohnhaus mit weißen Außenwänden. Besonders charakteristisch sind die patinagrün gestrichenen Pfannenblechdächer. Diese Bauweise war in den Entstehungsjahren des Koogs von der »Deichbaugenossenschaft Sönke-Nissen-Koog mbH.« gemäß Satzung vorgeschrieben.
Daß das eindeichungsreife Vorland vor den Reußenkögen in den Jahren 1924 bis 1926 eingedeicht, daß damit der Sönke-Nissen-Koog entstehen konnte, ist vor allem dem »Diamanten-Millionär« Sönke Nissen zu verdanken. Der wurde 1870 in Klockries in Nordfriesland geboren. Nach Zimmermannslehre und Besuch der Baugewerkschule in Hamburg ging er nach Afrika. Dort hatte er zuletzt die oberste Bauleitung zum Bau der Eisenbahn Lüderitzbucht nach Keetmannshop. Beim Eisenbahnbau entdeckte man Diamantenfelder. Sönke Nissen sicherte sich Schürfrechte und wurde ein vermögender Mann. Er kehrte 1912 nach Deutschland zurück.

Typisch Sönke-Nissen-Koog:
Hof in Einzellage. Weiße Mauern, patinagrünes Dach

Sönke-Nissen-Koog:
Winterbraunes Schilf im Entwässerungsgraben, binnendeichs am Fuß des Seedeiches

Die Planungen zur Gewinnung des neuen Koogs hat Sönke Nissen sehr unterstützt. Erst 53 Jahre alt, starb er 1923. So konnte er den Beginn der Eindeichungsarbeiten und die Vollendung des Werkes nicht mehr erleben. Aber er wirkte über den Tod hinaus für den neuen Koog. Erhebliche finanzielle Hilfen aus dem »Sönke-Nissen-Nachlaß« ermöglichten die erfolgreiche Eindeichung. Zu Ehren von Sönke Nissen erhielt der Koog seinen Namen.

Nordstrand – eine Insel?

Nordstrand – Insel oder nicht Insel, das ist hier die Frage.

Der Reihe nach: Die alles zerstörende Sturmflut vom 16. Januar 1362, die »Groote Manndränke«, ließ ganze Regionen für immer untergehen. Erhalten blieb unter anderem die große Insel Strand, auch Alt-Nordstrand genannt. In der verheerenden Sturmflut vom 11. Oktober 1634 ist dann der größte Teil von Alt-Nordstrand untergegangen. Verbliebenes Land war in Teile zerrissen: Nordstrand, Pellworm, Nordstrandischmoor. Auf Nordstrand gelang es erst nach und nach, einen Teil des überfluteten Landes einzudeichen. Die Jahreszahlen der Eindeichungen der Nordstrander Köge: 1654, 1657, 1663, 1691, 1737/39 und 1887. Zweifelsfrei: Nordstrand war eine Insel. Vor Nordstrands Küste, Richtung Festland, lag die Pohnshallig. Deren Eindeichuung erfolgte erst 1925. Aus der Pohnshallig wurde Pohnshalligkoog, als nunmehr östlicher Teil von Nordstrand. Mit dem Pohnshalligkoog rückte Nordstrand näher ans Festland. Eine feste Verbindung herzustellen, bot sich an. Der hochwassersichere, drei Kilometer lange Nordstrander Damm entstand 1935. Nordstrand konnte nunmehr per Auto erreicht werden. Und war doch noch immer – im Verständnis aller – eine Insel. Schließlich bezweifelt auch niemand, daß Sylt eine Insel ist, obgleich

Nordstrander Motiv

Hafen Strucklahnungshörn auf Nordstrand.
Links Fähranleger für die Fähre nach Pellworm,
in der Mitte der Seenotkreuzer der DGzRS,
rechts das Ausflugsschiff »ADLER V«

per Eisenbahndamm mit dem Festland verbunden. Auch der umfangreiche Anwachs links und rechts des Nordstrander Damms hätte wohl nicht entscheidend den Inselcharakter in Frage gestellt. Dann aber wurde 1987 die Nordstrander Bucht eingedeicht. Der Beltringharder Koog entstand. Seither stellt sich für Nordstrand die Frage: Insel oder nicht Insel? Im Infoheft »Nordseeheilbad Nordstrand«, Ausgabe 2008, herausgegeben von der Kurverwaltung, steht dazu dieser Satz: *»Seitdem (seit 1987) ist Nordstrand keine ›richtige‹ Insel mehr.«*
Aber freie Nordsee an drei langen Seiten der Küste gibt es wie eh und je.

Nordstrand – notiert anno 1746

»Nordstrand, lat. Strandia Septentrionalis, eine Insul auf der Nord-See (...), ist so fruchtbar, daß es bisweilen Saamen fünfzigfältig wieder giebt, welches die Einwohner sehr boshaftig und übermüthig gemacht, deswegen GOTT auch Anno 1634 die Insul unverhofter Weise mit einer Wasser-Fluth dergestalt heimsuchte, daß dadurch bey 1300 Häuser zugrunde gingen, auch 6133 Menschen und 15000 Stück Vieh ums Leben kamen.«

(Aus: »Neu-vermehrter Curieuser Antiquarius« von P.L. Berckenmeyern. In der Ausgabe von 1746, bey Christian Herold, Hamburg)

Nordstrander Motive

Was eine Sturmflut auch bewirkte

Nordstrand ist, wie Schleswig-Holstein insgesamt, hinsichtlich Religion hauptsächlich evangelisch. Die evangelische Kirche steht in Odenbüll. Dieses Gotteshaus stammt im Kern aus dem 13. Jahrhundert und hat als einzige mittelalterliche Kirche weit und breit alle Sturmfluten überstanden. Eine katholische Kirche, präzise: eine römisch-katholische Kirche, gibt es auf Nordstrand auch. *»Für Zugereiste mit katholischem Glauben«*, wie eine Nordstranderin meinte. Und für katholische Urlauber und Kurgäste.
Soweit ist alles ganz normal.

Turmspitze der alt-katholischen Kirche auf Nordstrand in der Ortschaft Süden

Aber auf Nordstrand gibt es außerdem eine alt-katholische Kirche, eine alt-katholische Gemeinde mitsamt Pastor. Und jeden Sonntag um 10.00 Uhr ist alt-katholischer Gottesdienst. Das ist besonders.
Die Sache hat historische Wurzeln. Nach der großen Sturmflut von 1634 waren die wenigen Überlebenden auf Nordstrand total verarmt und nicht in der Lage, das Land allein wieder einzudeichen. Der dänische Landesherr rief katholische Deichbauer aus den Niederlanden ins evangelisch-lutherische Land. Sie erhielten Religionsfreiheit für ihren katholischen Glauben. Die

Alt-katholisch bedeutet übrigens nicht erzkonservativ. Im Gegenteil. Unterschiede zu den römisch-katholischen Glaubensbrüdern sind zum Beispiel diese:

- Kein Zölibatszwang für Geistliche
- Keine Vorschriften hinsichtlich Sexualität und Empfängnisverhütung
- Frauen können Priesterin werden

So ist es: Ohne die zerstörerischen Naturgewalten der Sturmflut von 1634 wären keine katholischen Niederländer zum Deichbau ins Land gekommen. Und auf Nordstrand gäbe es keine alt-katholische Gemeinde.
Sturmfluten haben manchmal auch sehr spezielle Wirkungen.

Pastoratsgebäude der alt-katholischen Pfarrgemeinde auf Nordstrand

Seiteneingang des Pastoratsgebäudes

Niederländer errichteten 1662 eine Pfarrkirche für ihre katholische Gemeinde. Sie hielten sich damals zum Erzbistum Utrecht.
Die Utrechter Katholiken gerieten in Glaubensstreit mit dem Papst, wurden schließlich exkommuniziert. In der Folge kam es zur Kirchenspaltung. Auch auf Nordstrand: römisch-katholisch hier, alt-katholisch dort.
Die alt-katholische Kirche als rechtliche Institution ist in Deutschland staatlich anerkannt, genauso, wie die evangelische und wie die römisch-katholische Kirche. Auf Nordstrand hat sie sich als kleine, aktive Glaubensgemeinschaft erhalten.

Die Seenotretter

Aus Nordwest schwerer Sturm mit Orkanböen. Die Nordsee »kocht«. Aus dem Hafen Strucklahnungshörn auf Nordstrand läuft der Seenotkreuzer »VORMANN LEISS« aus, kämpft sich hinein in die schwere See. *»Die haben einen Notfall«*, sagt einer an Land. Ein anderer ergänzt: *»Die gehen raus, wenn andere reinkommen.«* In dem Ausspruch schwingt Bewunderung mit, wohl auch Dankbarkeit. Nicht von ungefähr. *»Ich war Fischer, jetzt bin ich Rentner«*, erklärt der Mann. Und erzählt: *»Vor Jahren hatte unser Kutter draußen bei Sturm und hochgehender See Motorausfall. Wir trieben hilflos in der See. Das war gefährlich, wir konnten jeden Moment kentern. Aber die haben uns rechtzeitig rausgeholt.«* »Die«, damit meinte der ehemalige Fischer die Männer und Frauen der DGzRS, der Deutschen Gesellschaft zur Rettung Schiffbrüchiger. Sie gehen raus, wenn draußen auf See jemand in Gefahr ist. Bei wirklich jedem (Un-)Wetter, 365 Tage im Jahr, 24 Stunden am Tag. Sie setzen ihr Leben ein, um das Leben anderer zu retten. Aber davon machen sie nie viel Worte. Sie re-

Seenotkreuzer »VORMANN LEISS« im Hafen Strucklahnungshörn auf Nordstrand. Länge: 23,30 Meter. Breite: 5,50 Meter, Tiefgang: 2,00 Meter. Geschwindigkeit: 20 Knoten (= 37 km/h). Stammbesatzung: 9 Mann (in Wechselschicht). »VORMANN LEISS« ist – wie alle Seenotkreuzer – Tag und Nacht besetzt, jederzeit sofort einsatzbereit

Seenotkreuzer »VORMANN LEISS« im Detail

den nicht, sie handeln. Die Stammbesatzungen der Seenotkreuzer ebenso wie die ehrenamtlich Freiwilligen der Seenotrettungsboote.

Die Bilanz der DGzRS-Rettungsflotte 2007*):

- Einsatzfahrten: 2090
- Menschen aus Seenot gerettet: 124
- Personen aus drohenden Gefahrensituationen befreit: 799
- Erkrankte oder verletzte Menschen von Seeschiffen, Inseln oder Halligen zum Festland transportiert: 595
- Schiffe und Boote vor dem Totalverlust bewahrt: 56
- Hilfeleistungen für Wasserfahrzeuge aller Art erbracht: 858
- Einsatzanläufe, Such-, Schlepp- und Sicherungsfahrten absolviert: 440

Seit der Gründung 1865 in Kiel hat die DGzRS bisher insgesamt 74.410 Menschen aus Seenot gerettet oder aus lebensbedrohender Gefahr befreit*).

Die DGzRS - ein rechtsfähiger Verein - ist gemeinnützig und unabhängig. Die Gesellschaft nimmt keinen Cent staatliches Geld in Anspruch, finanziert sich durch freiwillige Beiträge und Spenden**).

Tochterboot »ERIKA«, auf dem Seenotkreuzer »VORMANN LEISS«. Tiefgang: 0,60 Meter. Besonders wichtig für den Einsatz im oft flachen Wattenmeer

*) Angaben entnommen aus »Jahrbuch 2008/Deutsche Gesellschaft zur Rettung Schiffbrüchiger.«

**) Spendenkonto: Sparkasse Bremen 107 2016, BLZ 290 501 01

HUSUM

Als die Friesen kamen

Die Friesen sind ein germanischer Volksstamm. Bereits zur Römerzeit siedelten sie an der südlichen Nordsee. In Pierers Konversations-Lexikon, Ausgabe 1890, werden sie wie folgt charakterisiert: *»Die Friesen lebten damals von Ackerbau und Viehzucht und zahlten ihren Tribut in Ochsenhäuten. Auch waren sie kühne Seefahrer und Seeräuber.«*

Beginnend etwa ab dem 8. Jahrhundert machte sich ein Teil der Friesen auf den Weg nach Norden, in das Gebiet der schleswig-holsteinischen Westküste nördlich der Eider. Bis ins 10. Jahrhundert soll die Einwanderung der Friesen angehalten haben. Die Neuankömmlinge beschreibt Pierers Lexikon so: *»Die Friesen sind stark, kühn, freimütig, voll Unabhängigkeitsgefühl. Frauen und Mädchen stehen im Rufe großer Schönheit, haben weiße Haut, blaues Auge, hohen Wuchs...«.*

Zur besseren Unterscheidung von den in West- und Ostfriesland verbliebenen Stammesangehörigen wurden und werden die schleswig-holsteinischen Friesen Nordfriesen, ihr hiesiges Heimatgebiet Nordfriesland genannt.

Junge Friesin mit einem Ruder auf dem Assmussen-Woldsen-Brunnen auf dem Markt in Husum. Bronzefigur von 1902 von dem gebürtigen Husumer Adolf Brütt

So entstand der Husumer Hafen

Die schreckliche Sturmflut von 1362 zerstörte unendlich viel, ließ riesige Landflächen untergehen, auch Rungholt versank für immer in den Fluten. Es erscheint deshalb geradezu paradox, daß es die Folgen dieser Sturmflut waren, durch die der Hafenplatz Husum entstehen konnte. Der Wattstrom Hever war weit landeinwärts vorgedrungen und hatte eine schiffbare Verbindung zwischen dem Tal der Husumer Au und der Nordsee hergestellt. Dehio schreibt dazu:*) *»Am Geestrand entwickelte sich zwischen den Dörfern Wester- und Osterhusum bald ein Hafenplatz (...). Holländer und Ostfriesen nutzten ihn als Umschlagplatz für den Ostseehandel über Schleswig oder Flensburg.«*
Im Laufe der folgenden Jahrhunderte erlebte der Husumer Hafen »große Zeiten«, aber auch Niedergang. Bestanden hat er immer.

*) Georg Dehio »Handbuch der Deutschen Kunstdenkmäler, Hamburg/Schleswig-Holstein.« Deutscher Kunstverlag, 1994

Blick auf das moderne Sperrwerk des Husumer Hafens. Nur bei erhöhten Wasserständen werden die Tore geschlossen

Husumer Hafen – stimmungsvoll

Am Husumer Außenhafen. Motive im Gegenlicht. Bilder ohne Worte...

Motiv im Husumer Hafen: Die Schlepper »KARIN« und »SÜDEROOG«
der »Husumer Dock und Reparatur GmbH & Co. KG«

Der Husumer Hafen heute

Auf Anfrage hat das Hafenamt Husum*) über die heutige Bedeutung des Husumer Hafens wie folgt ausführlich berichtet:**)

»Kernpunkte der Husumer Hafenwirtschaft sind:

- *die Ein- und Ausfuhr von Futtermitteln, Getreide und Dünger (ATR Thordsen, Raiffeisen HaGe)*
- *die Reparatur und der Umbau von Seeschiffen, insbesondere auch kleinere Gastankschiffe (Husumer Dock und Reparatur GmbH)*
- *die Küstenfischerei (insbesondere Krabbenfischerei und deren Fangverarbeitung)*
- *Standort eines der vier großen Küstenschutz-Baubetriebe des Landesbetriebes für Küstenschutz, Nationalpark und Meeresschutz Schleswig-Holstein*
- *Basishafen für Wasserfahrzeuge des Küsten- und Gewässerschutzes, der Wasserschutzpolizei und des Zolls.«*

Im Einzelnen:

*»Im Jahr 2007 haben 212 Frachtschiffe und 91 Fahrgastschiffe mit zusammen 299.468 BRZ***) den Husumer Hafen angelaufen.*

Gesamtumfang der Ein- und Ausfuhren:

Eingang:	*Ausgang:*
Futtermittel ca. 222.420 t	*Raps ca. 23.000 t*
Mischdünger ca. 24.000 t	*Getreide ca. 13.250 t*
Getreide ca. 46.000 t	

2 Handelsschiffe haben Husum als Heimathafen. Das sind:

- *MS »MAIKE«, Reederei Arp, Thordsen, Rautenberg GmbH & Co. KG, Abt. Schifffahrt MS »MAIKE«, Rödemishallig 12, 25813 Husum*
- *MS »ILKA«, Reederei Thordsen, MS »ILKA« GmbH & Co. KG, Rödemishallig 12, 25813 Husum*

13 Fischereifahrzeuge (12 Krabbenkutter, 1 Muschelkutter) sowie
6 Nebenerwerbsfahrzeuge haben Husum als Heimathafen.«

*) Eine Dienststelle des Landesbetriebes für Küstenschutz, Nationalpark und Meeresschutz Schleswig-Holstein

**) Schreiben an den Autor vom 18. April 2008

***)BRZ = Bruttoraumzahl. Maßeinheit für Schiffsgrößen

MS »MAIKE« am Kai des Husumer Außenhafens

Laden und Löschen im Husumer Hafen

Erinnerung an den Husumer Schiffbau

Dort, wo der Husumer Binnenhafen endet, beginnt eine kurze, sanft ansteigende schiefe Ebene, die bis zum Rathaus führt. Auf diesem schrägen Gelände befinden sich mehrere, bis zum Wasser reichende eiserne Schienen. Es sind die erhaltenen Reste einer Slipanlage der vormaligen Husumer Schiffswerft. Oben, am Rathaus, steht auch noch die Seiltrommel einer Slipwinde. Diese historische Slipanlage bildet mit dem modernen Gebäude des Rathauses ein interessantes Ensemble.

Komplettiert wird das Bild durch das am Rande der Slipanlage dauerhaft aufgeslipte Museumsschiff »HILDEGARD«, 1907 als Segler gebaut, 1925 zum Motorschiff umgerüstet.

Zur Erinnerung: Ein Neubau der vormaligen Husumer Schiffswerft. Nach dem Stapellauf erfolgt der Ausbau im Ausrüstungsdock. Eine Aufnahme aus dem Jahr 1998

Blick auf die schiefe Ebene mit den Schienen der alten Slipanlage im Husumer Binnenhafen, rechts die »HILDEGARD«. Dahinter das moderne Rathaus

Die Schienen der Slipanlage, die Seiltrommel und die »HILDEGARD« sind Zeugen einer langen Geschichte des Husumer Schiffbaus, der seit 1796 urkundlich belegt ist.

Bei Ende des Zweiten Weltkrieges im Jahr 1945 lag die Husumer Werft total danieder. Am 1. Januar 1947 nahmen die Gebrüder Kröger – geflohene Werftbesitzer aus dem Osten – die Werft in Erbpacht. Mit anfangs sechs Beschäftigten begann die Husumer Schiffswerft neu. Mit Kümos, Passagier-, Fähr- und Spezialschiffen für deutsche und internationale Auftraggeber machte sich die Werft einen Namen. Das Gelände am Binnenhafen – dort wo heute noch die historische Slipanlage zu bewundern ist – wurde zu klein. Und die Durchfahrtsbreite der damaligen »Neuen Schleuse« von 1961 erwies sich als nicht mehr ausreichend für die immer größer werdenden Neubauten. Die Werft bezog einen neuen Standort auf Rödemis Hallig. Am 31. Dezember 1978 wurde das alte Werftgelände endgültig stillgelegt.

Dem Strukturwandel im internationalen Schiffbau war die Husumer Schiffswerft auf Dauer nicht gewachsen. Am 31. Januar 2000 mußte die Werft schließen. Aber es gibt einen Nachfolgebetrieb: die Husumer Dock und Reparatur GmbH &. Co. KG. Siehe dazu folgenden Bericht.

HDR – eine Erfolgsgeschichte

»Das kann's doch nicht gewesen sein«, sagte sich Sönke Ohl, leitender Mitarbeiter der Husumer Schiffswerft, die nach Insolvenz am 31. Januar 2000 endgültig die Tore schließen mußte. Ohl verhandelte mit dem Insolvenzverwalter und erwarb einen Teil des Werftgeländes und damit vor allem auch die Dockanlagen. Er gründete die »Husumer Dock und Reparatur GmbH & Co. KG« (HDR), die bereits am 1. Februar 2000 den Betrieb aufnahm. Sönke Ohl ist Geschäftsführender Gesellschafter. Einfach gesagt, ihm gehört das Unternehmen.
Die HDR wurde zu einer Erfolgsgeschichte. Schiffe gebaut werden hier nicht mehr. Aber repariert und gewartet und gepflegt. So liegen in den beiden Trockendocks, auf den Slipanlagen und am Kai Schiffe, vom Fischkutter bis zum Überseefrachter.

Arbeiten im Dock

Im Firmenportrait liest sich die Angebotspalette von HDR so:
- Stahlarbeiten
- Innenausbau
- Maschinenbau
- Rohrarbeiten
- Malerei
- Elektrik
- Tankreinigung

Zur Ausstattung des Unternehmens gehören unter anderem:
- Dock I, 130 m lang, 25 m breit

Der Rost muß ab

- Dock II, 150 m lang, 25 m breit
- Dock-Kran I, 30 to
- Dock-Kran II, 14,5 to
- 2 Slipanlagen
- Drehbank, max. 10 m
- 1 : 1 Brennschneidemaschine
- Hydraulische Schiffbau-Presse, 375 to

Und die beiden betriebseigenen Schlepper »KARIN« und »SÜDEROOG«.
Frage an den Unternehmer: »Worauf führen Sie den Erfolg von HDR vor allem zurück?«
Seine Antwort: *»Wir sind absoluter Dienstleister. Die Wünsche und Notwendigkeiten der Kunden haben höchste Priorität. Dafür sind wir sehr flexibel. Wenn es notwendig ist, wird bei uns auch am Wochenende gearbeitet, zum Beispiel. Man muß bedenken, jeder Tag, den ein größeres Schiff nicht in Fahrt ist, bedeutet für den Reeder Ausfallkosten in der Größenordnung von 10.000 US-Dollar und mehr.«*
Und nicht ohne Stolz fügte Sönke Ohl hinzu: *»Mit unserer konsequenten Dienstleistungseinstellung haben wir viele neue Kunden gewonnen.«*
Beschäftigt werden auf HDR ständig um die 30 Mitarbeiter. In Spitzenzeiten durch Subunternehmer bis auf etwa 50 Personen erweitert.
Und auch das sagte der HDR-Chef noch: *»Die fachliche Kompetenz und die Einsatzbereitschaft unserer Mitarbeiter sind Grundlage für alles hier.«*

Die »LILLEBORG«, Heimathafen Kingstown, im Dock der HDR

Theodor Storm, Husums »größter Sohn«

Daß ihm dauerhaft literarischer Nachruhm beschieden sein würde, hat Theodor Storm vermutlich gewußt. Schließlich war der 1817 in Husum geborene Dichter schon zu Lebzeiten anerkannt und berühmt, wurden ihm in Lexika seiner Zeit bereits umfangreiche Beiträge gewidmet. So unter anderem im 1878 erschienenen siebenten Band des »Illustrirten Konversations-Lexikon« – zehn Jahre vor Ableben des Dichters. Auch fast zehn Jahre vor Fertigstellung seiner Schicksalsnovelle »Der Schimmelreiter«.

Aber daß er eines Tages ein bedeutender touristischer Glücksfall für seine Heimatstadt sein würde, hat Storm nicht geahnt, nicht ahnen können. Tourismus war zu seiner Zeit noch kein Thema. Er war es, seine Werke waren es, die Husum weltbekannt gemacht haben. Ungebrochen, bis heute. Jahr für Jahr kommen viele Besucher, um die Stadt und die Region zu erleben, denen der Dichter zur Berühmtheit verhalf. Und um den Spuren Storms nachzugehen.

Im Theodor-Storm-Zentrum, Wasserreihe 31-35, sind Wohnräume und »Poetenstübchen« mit Originalmobiliar sowie Dokumente zu Leben und Werk des Dichters zu besichtigen. Hier lebte und dichtete Storm von 1866 bis 1880.

Am grauen Strand

»Am grauen Strand, am grauen Meer
Und seitab liegt die Stadt;
Der Nebel drückt die Dächer schwer,
Und durch die Stille braust das Meer
Eintönig um die Stadt.

Es rauscht kein Wald, es schlägt im Mai
Kein Vogel ohn' Unterlaß;
Die Wandergans mit hartem Schrei
Nur fliegt in Herbstesnacht vorbei,
Am Strande weht das Gras.

Doch hängt mein ganzes Herz an Dir,
Du graue Stadt am Meer;
Der Jugendzauber für und für
Ruht lächelnd doch auf dir, auf dir,
Du graue Stadt am Meer.«

Theodor Storm

(Text übernommen aus »Topographie des Herzogtums Schleswig« von Henning Oldekop, 1906)

Theodor Storm.
Porträt zu seinen Lebzeiten

Nebeltag

Es wird ein nebelgrauer Tag gewesen sein, der Theodor Storm dazu anregte, sein Gedicht von der grauen Stadt am grauen Meer zu schreiben. Es wurde sein bekanntestes Gedicht. In der Tat gibt es in Husum graue Nebeltage. Aber doch nicht mehr als anderswo. Und eine dunstiggraue Stimmung am Husumer Hafen hat auch ihren Reiz.

Ein grauer, aber stimmungsvoller Tag am Husumer Binnenhafen

Von wegen »graue Stadt«

Ihren Theodor Storm schätzen die Husumer außerordentlich. Und daß er per Gedicht Husum zur »grauen Stadt am grauen Meer« deklarierte, haben sie ihm längst verziehen. Außerdem, sagen die Husumer, ist unsere Stadt auch überhaupt nicht grau. Stimmt! Husum von heute ist richtig farbig. Wie jeder Stadtspaziergänger bestätigen kann.

Bunte Husumer Stadtmotive

Handwerker-Schubkarre

Husum ist die Stadt der Krokusse. Zur Blütezeit im zeitigen Frühjahr kommen Besucher in großen Scharen von nah und fern: Der Schloßpark ist ein einziges Krokusblütenmeer. Aber nicht nur dort erfreuen Krokusse Gäste und Einheimische. Am Binnenhafen ist die Krokusschubkarre des Husumer Handwerkervereins ein freundlicher Frühjahrsgruß.

Die Krokusschubkarre des Husumer Handwerkervereins

NordseeMuseum Husum

Für Husumer war, ist und bleibt es das Nissenhaus, benannt nach Ludwig Nissen. Der wanderte als 16jähriger im Jahr 1872 nach Amerika aus. Und absolvierte dort eine geradezu sprichwörtliche Karriere vom Schuhputzer und Tellerwäscher zum Juwelier. Ludwig Nissen wurde reich. An seinem Reichtum ließ er seine Heimatstadt Husum teilhaben:
Das Nissenhaus konnte entstehen.
Im Jahr 2007 hat man das Nissenhaus offiziell umbenannt. In NordseeMuseum Husum. Weil für Touristen der Name Nissenhaus nicht geläufig war, sozusagen keine touristische Anziehungskraft besaß. Nicht nur der Name, auch die Präsentation des Museumsangebotes wurde heutigen Ansprüchen angepaßt. Jetzt unter dem (Faltblatt-)Slogan: *»sehen. hören. fühlen. entdecken.«* Der Kultur- und Naturraum Nordseeküste wird unter anderem mit diesen Themenbereichen dargestellt: Naturgewalt - Wohnkultur - Halligleben - Naturkunde - Chancen mit Tourismus, Wellness, Windkraft - Deichbau und Küstenschutz. Mit dem Themenbereich Ludwig Nissen wird dem Stifter des Hauses Referenz erwiesen.
Nach »sehen. hören. fühlen. entdecken.« lädt im Gebäude das Café Brütt*) zu Kuchen, Gebäck und Kaffee- und Teespezialitäten ein. Das Café wird liebevoll betrieben vom Theodor-Schäfer-Berufsbildungswerk Husum.

NordseeMuseum Husum, Herzog-Adolf-Straße 25, Husum. Geöffnet: April bis Oktober täglich 10.00 bis 17.00 Uhr, November bis März, täglich, außer montags, 11.00 bis 17.00 Uhr.

Selbst mit hölzernen Bollwerken, sogenannten Stackdeichen, versuchten Küstenbewohner in früheren Jahrhunderten die Fluten abzuhalten, das Land vor Überflutung zu schützen. Die Hölzer des im NordseeMuseum Husum rekonstruierten Abschnitts eines Stackdeiches stammen aus der Halbmondwehle bei Husum. Durch dendrochronologische Untersuchungen wurden sie auf die 2. Hälfte des 17. Jahrhunderts datiert

WATTENMEER,
NATIONALPARK,
KÜSTENSCHUTZ

Nationalpark Schleswig-Holsteinisches Wattenmeer

Der Nationalpark Schleswig-Holsteinisches Wattenmeer reicht von der Südspitze Dithmarschens bis zur Nordspitze von Sylt. Und zwar von der Festlandküste ungefähr zwischen 15 und 50 Kilometer seewärts. Die nordfriesischen Inseln bleiben ausgenommen.

Was bedeutet Nationalpark? Dr. Detlef Hansen hat es kurz und klar so formuliert*):

»Die Nationalparkidee läßt sich in vier Worte fassen: Natur Natur sein lassen.«

Im Infoheft »Wir schützen Schleswig-Holsteins Küsten«, herausgegeben vom »Landesbetrieb für Küstenschutz, Nationalpark und Meeresschutz«, wird zum Thema Nationalpark Wattenmeer ausgeführt:

»Das schleswig-holsteinische Wattenmeer ist einer von 14 Nationalparks in Deutschland und der größte zwischen dem Nordkap und Sizilien. Es ist eines der vogelreichsten Gebiete Europas, und in seinen Salzwiesen leben Hunderte Pflanzen- und Tierarten, die nur in diesem Lebensraum vorkommen. Für Urlaubsgäste spielt der Nationalpark eine wichtige Rolle bei ihrer Reisezielentscheidung. Über eine Million Urlauber erleben jährlich die attraktiven Nationalpark-Angebote. Der Nationalpark ist damit nicht nur ein ökologisches, sondern auch touristisches Aushängeschild und bedeutsamer Wirtschaftsfaktor für Schleswig-Holstein. Die Nationalparkverwaltung in Tönning führt international abgestimmte Umweltbeobachtungsprogramme und Forschungsvorhaben durch und überwacht das Gebiet mit ihren Rangern. Wir

Faszination Wattenmeer

entwickeln Schutzkonzepte, entscheiden über Nutzungen und Forschungsarbeiten, fördern den Tourismus und informieren die Öffentlichkeit. Dabei beteiligen wir die Betroffenen und gleichen Interessen aus.
Das schleswig-holsteinische Wattenmeer ist mit seinen Halligen auch ein Biosphärenreservat der UNESCO. Die Nationalparkverwaltung arbeitet mit der Insel- und Halligkonferenz in der Geschäftsstelle Biosphäre dafür, den Menschen eine lebenswerte Zukunft zu sichern.«

*) Dr. Detlef Hansen ist stellvertretender Direktor des »Landesbetriebes für Küstenschutz, Nationalpark und Meeresschutz« und Leiter des Geschäftsbereiches Nationalpark und Meeresschutz/Nationalparkverwaltung

Sonnenlicht spiegelt sich in der Weite des Wattenmeeres

Ebbe und Flut

Ebbe und Flut, auch die Gezeiten genannt, sind ein Wunder der Natur und des Kosmos. Experten können genau erklären, wie das alles zustande kommt. Mit den Vokabeln wie Gravitationskraft, Zentrifugalkraft im Erde-Mond-System, mit der Resultierenden aus dem einen zum anderen, mit vertikalen und horizontalen Kraftanteilen. Und so fort.

In Kurzform: Die Massenanziehung des Mondes und der Sonne in Verbindung mit der Erdumdrehung lassen diese wiederkehrenden Wasserstandsänderungen, die Tiden, entstehen.

»Hauptschuld« hat eindeutig der Mond. Seine Anziehungskräfte wirken am stärksten auf die Wassermassen der Weltmeere ein. So richtet sich die Dauer einer Tide, bestehend aus einer Flut und einer Ebbe, in der Nordsee auch nicht nach der Erde, sondern nach Mondtagen. Eine Tide dauert im Mittel einen halben mittleren Mondtag. Das sind 12 Stunden, 25 Minuten. Zwei Tiden ergeben somit 24 Stunden, 50 Minuten, also etwas mehr als einen Erdentag. Weil das so ist, verschieben sich die Tidenzeiten von Tag zu Tag. Die werden vorausberechnet und in Jahrestidenkalendern veröffentlicht. Und zwar differenziert nach den verschiedenen Küstenorten der Nordsee, da neben den astronomischen Faktoren auch die geographische Lage des Ortes und die Topographie des vorgelagerten Meeresgrundes zu berücksichtigen sind.

Stehen Sonne, Mond und Erde in einer Linie – alle 14 Tage bei Neu- und Vollmond – addieren sich die Wirkungskräfte erheblich. Eine Springtide mit deutlich höheren Flutständen ist die Folge. Aber es dauert, bis sich die Gezeitenflutwelle vom Atlantik bis zur Nordsee vorgearbeitet hat. Hier trifft die Springtide erst mit dreitägiger Verzögerung ein. Kommt zur Springtide anhaltend

kräftiger Sturm aus westlichen Richtungen, ist eine Sturmflut garantiert.

Nipptide, mit niedrigerem Flutstand als normal, tritt – nach drei Tagen – ein, wenn (von der Erde

Auflaufende Flut

aus gesehen) Sonne und Mond zueinander im rechten Winkel standen.
Dem guten alten Mond da oben sei jedenfalls sehr herzlich gedankt. Dafür, daß er uns an der Nordseeküste (fast) zweimal täglich eine Tide mit Ebbe und Flut beschert, dieses großartige Schauspiel der Natur, das Staunen lehrt.

Priele

Priele sind – simpel gesagt – Wasserrinnen im Watt und im Vorland, in denen, im Wechsel der Gezeiten, das Wasser ein- und ausströmt. Priele gibt es von ganz schmal und flach bis breit und tief. Kleine Priele vereinigen sich mit größeren. Die meisten Priele winden sich in Kurven durchs Wattenmeer, aber immer Richtung offene See. An den Prielkanten bilden sich, besonders durch abfließendes Wasser, Prallhang und Gleithang aus. Wie bei einem Fluß an Land. Kleinere Priele fallen bei voller Ebbe trocken. Durch die Dynamik des Wattenmeeres verändern viele Priele mit der Zeit ihren Lauf. Einige verschwinden ganz, andere bilden sich neu.

Breiter Priel im Vorland

Priel im Watt bei Ebbe

Rippeln

Rippeln im Watt

Das bei Ebbe trockengefallene Watt ist gemustert. Durch Rippeln. Ausgeformt durch die Strömung des im Wechsel der Tiden auf- und ablaufenden Wassers. Vor allem die ablaufende Strömung bildet Rippeln aus. Formen und Tiefe der Rippeln sind unterschiedlich, je nach Festigkeit der jeweiligen Wattabschnitte, nach Sand- oder Schlickwatt, nach Strömungsgeschwindigkeit des Wassers. Auch Windstärke und Windrichtung wirken auf die Rippelbildung mit ein.
Diese naturgebildeten Wattbodenreliefs sind – zumal bei vorhandener Restfeuchte und darauf glitzerndem Sonnenlicht – von ausdrucksvoller Schönheit.

Schatzkiste

Die Küste ist eine Schatzkiste, dem Meer sei Dank. Auf dem Watt zur Ebbezeit, auf trockengefallenen Sandbänken, am Strand, an der Uferkante und am Deichfuß lassen sich vielerlei Fundstücke entdecken. Zum Beispiel - siehe Bilder - diese:

Schalen der Scheidenmuschel

Eine »Portion« Meersalat

Leerer Eiballen einer Wellhornschnecke

Sogenannter Schulp des Tintenfisches.
Diese kalkige Schale sitzt unter der Rückenhaut des Fisches

Muschelschalen über Muschelschalen

Bernstein - ein solcher Fund aktiviert sofort die Sammlergene

Zum »Vogelkiek« an die Küste

Das schleswig-holsteinische Wattenmeer mit den zugehörigen Halligen, Inseln und dem Vorland gilt als das vogelreichste Gebiet Europas. Insbesondere zur Zeit des Vogelzuges. Anfang Oktober kann man überall an der Westküste oft riesige Schwärme Watvögel beobachten, die sich hier Fettreserven für den weiten Flug in den Süden anfressen. Wie zum Beispiel Knutts, Alpenstrandläufer, Pfuhlschnepfen. Die weiten Watten sind für die vieltausenden Vögel eine reichbestückte Speisekammer. Zur Zeit der Flut ruhen sich die Vögel aus auf ihren vor Hochwasser sicheren Rastplätzen.
Vogelfreunde aus nah und fern, auch aus dem Ausland, kommen dann zum »Vogelkiek« an die Küste.

Zur Zeit des Vogelzuges bilden manche Schwärme geradezu »Wolken«

Knutts auf Futtersuche

*Der Rotschenkel brütet an unserer Küste,
zieht aber im Winter südwärts ans Mittelmeer,
auch nach Afrika. Gern stöbert er im modderweichen
Wattboden eines kleinen Priels nach
Würmern, Mollusken, Mini-Krebsen*

Wenn die Ringelgänse kommen ...

Die Ringelgans. Die schmale weiße Halsbinde am sonst schwarzen Kopf und Hals ist das sicherste Unterscheidungsmerkmal zu anderen Wildgansarten. Nur bei Jungvögeln ist die Halsbinde noch nicht ausgeprägt.
Im Frühjahr - beginnend ab März - und im Herbst - beginnend ab September - erscheinen die Ringelgänse in sehr großen Trupps an der Küste, auf Inseln, Halligen, dem meernahen Festland.
Sie sind auf der Durchreise, bleiben zumeist nur wenige Wochen. Bevor es Ende April und im Mai weitergeht zu den Brutgebieten auf Grönland, Spitzbergen, ins nördliche Rußland. Auf der Rückreise im Herbst ziehen die meisten Trupps nach einiger Zeit weiter in westeuropäische Winterquartiere. In frost- und schneefreien Wintern bleiben größere Gruppen zunehmend auch hier an der schleswig-holsteinischen Wattenküste.
Ringelgänse-beobachten hat sich im Frühjahr und Herbst zu einer Touristenattraktion entwickelt.

Weidende Ringelgänse auf dem Vorland

… und die Nonnengänse

Nonnengänse, treffend auch Weißwangengänse genannt, sind ebenfalls Frühjahrs- und Herbstgäste an der Küste. An der schwarz-weißen Zeichnung des Kopfes, insbesondere an den weißen Wangen, sind sie leicht zu erkennen.

Weißwangengänse im Vorland bei Westerhever auf Eiderstedt

Austernfischer – unübersehbar, unüberhörbar

Mutter Natur hat die Austernfischer besonders hübsch angezogen. Das Federkleid in kontrastreichem, intensivem Schwarz-Weiß. Der lange gerade Schnabel, der Augenring und die Beine in kräftigem Rot. Ein rechter Prachtvogel! Unübersehbar. Unüberhörbar auch. Durch laute, anhaltende Rufe macht er auf sich aufmerksam. Er ist häufiger Brutvogel an der Nordseeküste. Mit dem Nestbau macht sich der Austernfischer keine Arbeit – eine einfache, ausgescharrte flache Mulde genügt. Muscheln jeglicher Art sind seine bevorzugte Speise. Die öffnet er sekundenschnell. Wie, bleibt sein Geheimnis.

Brütender Austernfischer

Austernfischer

Säbelschnäbler

Der Säbelschnäbler - Brutvogel an der hiesigen Küste - ist mit seinen langen Beinen, dem aufwärts gebogenen, dünnen Schnabel und dem schwarz-weißen Gefieder unverwechselbar. Trotz ihrer fragil erscheinenden Gestalt sind Säbelschnäbler mutig. Ihre Gelege und Küken verteidigen sie aggressiv, selbst gegen räuberische Möwen.

Säbelschnäbler in Ruhestellung

Auf Nahrungssuche

Vogelspuren im Schlickwatt

Schlickwatt ist stark wasserhaltig und dadurch sehr weich. Auch noch nach Trockenfallen bei voller Ebbe. Auf dieser modderigen Masse hinterlassen selbst Vögel ihre Trittspuren. Und erfreuen damit den Wattwanderer durch interessante Muster.

Vogelspuren im weichen Watt

»Hausbesetzer« im Wattenmeer

Das ist ein klarer Fall von »Hausbesetzung« im Wattenmeer. Praktiziert vom Einsiedlerkrebs. Denn dieser seltsame Vertreter der vielfältigen Krebs-Fraktion bezieht als Dauerquartier stets ein leeres Schneckengehäuse, bevorzugt jenes der Wellhornschnecke. Sein okkupiertes Haus verläßt der Einsiedlerkrebs nicht, sondern trägt es mit sich umher. Im Schneckenhaus verbirgt der Hausbesetzer seinen weichhäutigen, sonst ungeschützten Hinterleib. Die Hausbesetzung ist also ein Akt passiver Selbstverteidigung. Der Einsiedlerkrebs kann sich dabei auf lebensgefährlichen Notstand berufen. Schließlich kann er nichts dafür, daß Mutter Natur ihn nicht mit einem komplett schützenden Krebspanzer ausgestattet, sondern das Hinterteil vergessen hat. Bei Gefahr zieht sich der Einsiedlerkrebs auch vollständig ins Schneckenhaus zurück.

Junge Einsiedlerkrebse müssen gelegentlich in ein größeres Haus umziehen. Der Grund: Infolge natürlichen Wachstums ist das bisherige Schneckenhaus zu eng geworden. Also wird ein neues gesucht und gefunden.

Einsiedlerkrebs im okkupierten Haus

Seehunde

Mit einem Hund hat ein Seehund nun wirklich nichts zu tun. Doch, sagen einige Leute, der Kopf erinnert im Aussehen an einen Hund. Na ja, mit Wohlwollen. Früher wurde der Seehund Seekalb genannt. Auch nicht besser. Nichts an dem Tier erinnert an ein Kalb. Die wissenschaftliche Bezeichnung des Seehundes lautet Phoca vitulina. Das heißt, wörtlich ins Deutsche übersetzt, Seekalb. Lassen wir das.
Der Seehund ist ein Warmblüter. Mit durchschnittlich 37° Grad Körpertemperatur - wie beim Menschen. Nicht das Fell, sondern eine mehrere Zentimeter dicke Speckschicht bewahrt ihn vor Unterkühlung selbst im bitterkalten Wasser. Körperform und -ausstattung prädestinieren ihn zu einem eleganten, schnellen Schwimmer und hervorragenden Taucher. Das ist auch erforderlich, um bei der Nahrungsjagd auf Fische erfolgreich zu sein. Plattfische wie Schollen und Flunder werden bevorzugt. Ein ausgewachsener Seehund hat einen beachtlichen Fischappetit: mehrere Kilo pro Tag.
Die Paarung erfolgt im Wasser. Die Geburt des Nachwuchses im Juni/Juli aber auf einer entlegenen Sandbank. Dort werden die Seehundbabys auch gesäugt. Seehunde können bereits kurz nach der Geburt schwimmen. Notwendigerweise, sie würden sonst bei hochauflaufender Flut auf ihrer dann vom Wasser bedeckten Sandbank ertrinken.

Seehunde auf der Sandbank

Sandbänke sind für alle Seehunde ein beliebter Rastplatz. Bevorzugt werden Sandbänke, die auf einer Seite ein ziemlich steil abfallendes Ufer haben. Dadurch können die Tiere bei Gefahr leichter im Wasser »verschwinden«. Denn schnell sind Seehunde an Land wahrlich nicht, dafür mangelt es ihnen an allen körperlichen Voraussetzungen. Von verschiedenen Häfen aus werden Besichtigungsfahrten mit Ausflugsschiffen zu den Seehundbänken durchgeführt. Unter Beachtung von Schutzvorschriften. Das bedeutet unter anderem, die »Fluchtdistanz« der Seehunde wird nicht unterschritten. Der Motor des Schiffes und damit der Geräuschpegel wird bei Passieren der Sandbank gedrosselt. Die Besucher werden gebeten, sich ruhig zu verhalten.
Seehunde stehen unter Naturschutz!

Seehunde auf der Sandbank

Der »Säulenkaktus« im Vorland

Der Queller ist eine der bekanntesten Pflanzen der Wattenküste. Seine Gestalt erinnert an einen kleinen Kaktus. Aber er gedeiht nicht auf Wüsten- oder Steppenboden, sondern im Vorland, in der ersten Verlandungszone, im Grenzgebiet zwischen Meer und Land. Langandauernde Überflutung mag er nicht. Gelegentliche Überflutung bei Hochwasser aber verträgt, ja benötigt er. Denn zum Keimen und Wachsen braucht der Queller einen gewissen Salzanteil im Boden. Fachleute sagen, die Pflanze ist halophil, das heißt salzliebend. Weil der Queller das aufgenommene Salz nicht ausscheiden kann, speichert er es in seinen schmalen, als solche kaum erkennbaren dicklichen »Blättern«. Und wird so zum kleinen »Säulenkaktus« im Nordsee-Vorland. Im Herbst färbt sich der Queller rot. Die Pflanze ist einjährig. Neue Pflanzen entstehen im Frühjahr aus Samen, die überwintert haben.

Queller-»Wald« im Vorland

Im Herbst färbt sich der Queller rot

Trockengefallen

Strandungsfall? Havarie? Schiffsunglück? Und das gleich im Doppelpack?
Nichts von alledem. Die Kutter haben, wenn man's so sagen darf, Ebbepause, sie sind trockengefallen. In Kürze kommt die Flut. Dann ist wieder genügend Wasser unterm Kiel. Die Kutter schwimmen auf und gehen auf Fahrt.
Alles ganz normal, hier im Wattenmeer.

Bei Ebbe trockengefallen

Garnelenkutter gibt es nicht

Früher waren Krabben als Nahrungsmittel eher »gewöhnlich«. Heute gelten sie als Delikatesse. Allerdings, Nordseekrabben müssen es sein. Die haben den wahren Feingeschmack. Tiefseekrabben von »Gott-weiß-woher« sind dagegen höchstens zweite Wahl.
Die Bezeichnung Krabbe ist aber falsch. Das erklären Experten, die sich mit Meerestierkunde wissenschaftlich auskennen. Krabben, sagen sie, seien jene »Querläufer« (Küstenjargon: »Dwarslöper«), die der gemeine Mann als Krebse zu bezeichnen pflegt. Und bei dem, wozu Otto Normalbürger Krabbe sagt, handele es sich um Garnelen.

Krabbenfischer an Bord

Mag sein! Trotzdem werden diese Garnelen von den Fischern mit ihren Krabbenkuttern gefangen. Oder hat je ein Mensch an dieser Küste etwas von einem Garnelenkutter gehört? Eben! Garnelenkutter gibt es nicht. Schleswig-Holsteins Nordseeküste rauf wie runter werden diese leckeren Tierchen wie eh und je als Krabben angeboten. Einheimische an der nordfriesischen Küste reden unter sich allerdings nicht von Krabben, sondern von Porren.
Alles klar?
Wegen der Vollständigkeit sei auch die wissenschaftliche Bezeichnung der Porren-Krabben-Garnelen genannt: Crangon Crangon.
Der Name hat ja nun wirklich etwas.

Krabbenkutter vor Eiderstedts Küste

Krabben, fangfrische Krabben

Durch LKN in sicherem Schutz

LKN steht für »Landesbetrieb für Küstenschutz, Nationalpark und Meeresschutz«. Dr. Johannes Oelerich, Direktor des LKN, hat die generelle Aufgabe seiner Behörde auf diese Formel gebracht: *»Wir schützen Schleswig-Holsteins Küsten für Mensch und Natur.«*

Im Infoheft »Wir schützen Schleswig-Holsteins Küsten«, herausgegeben vom LKN, heißt es ergänzend:

»Am 1. Januar 2008 hat der Landesbetrieb für Küstenschutz, Nationalpark und Meeresschutz (LKN) seine Arbeit aufgenommen. Wir sind eine Landesoberbehörde des Ministeriums für Landwirtschaft, Umwelt und ländliche Räume (MLUR) des Landes Schleswig-Holstein.

Wir verstehen uns als Dienstleister Schleswig-Holsteins für den Küstenschutz an Nord- und Ostsee und für den Nationalpark Schleswig-Holsteinisches Wattenmeer. Darüber hinaus sind wir zuständig für den Hochwasserschutz an den Flüssen, die Gefahrenabwehr und für den Bau, den Betrieb, die Verwaltung und Instandhaltung der landeseigenen Häfen. Weitere Aufgaben bestehen im gewässerkundlichen Mess- und Beobachtungsdienst und im zentralen Wach- und Warndienst für Küstenschutz und Wasserwirtschaft. Wir sind Küstenschutzbehörde, Hafenbehörde und für den Nationalpark auch Naturschutzbehörde.

Der Betriebssitz Husum ist unsere Zentrale. In drei Betriebsstätten und 32 weiteren Standorten arbeiten insgesamt 750 Mitarbeiterinnen und Mitarbeiter nach der Vision:

Wir sichern das Leben und das Eigentum der Menschen in den Küstengebieten im Einflussbereich von Nord- und Ostsee und wir schützen das Wattenmeer in seiner natürlichen Dynamik.«

Links:
Diese einzigartige Natur gilt es zu schützen

Arbeitsfahrzeug des LKN vor dem Lorendamm nach Hallig Oland

Seedeich – Mitteldeich – Schlafdeich – Sommerdeich

Seedeiche sind die Hauptdeiche, sie bilden unmittelbar an der Meeresküste die 1. Deichlinie. Als Landesschutzdeiche sollen sie schwersten Sturmfluten standhalten. Für Bau und Erhalt ist das Land Schleswig-Holstein zuständig. Seedeiche werden vielfach auch als Außendeiche bezeichnet.

Mitteldeiche bilden die 2. Deichlinie. Sie waren überwiegend ursprünglich Deiche der 1. Deichlinie. Durch Neueindeichungen, durch neu gewonnene Köge, verschob sich die 1. Deichlinie weiter seewärts. Bisherige Seedeiche wurden so zu Mitteldeichen. Die blieben erhalten, werden weiter gepflegt. Ohne Mitteldeiche würde bei einem Bruch in der 1. Deichlinie das Land unbegrenzt überflutet. Durch die Mitteldeiche blie-

Am Seedeich – seeseitig

Stöpe im Mitteldeich zwischen Sönke-Nissen-Koog (vorn) und Luise-Reußen-Koog (dahinter). In den beiden Häuschen lagert das Material zum Verschließen der Stöpe

be die Überflutung in der Regel auf den davor liegenden einen Koog begrenzt. Stöpen bilden die Straßendurchfahrten in den Mitteldeichen. Durch bereitliegendes Material können Stöpen bei Gefahr - schwerste Sturmflut, drohender oder eingetretener Deichbruch in der 1. Deichlinie - geschlossen werden.
Schlafdeiche sind Binnendeiche der 3. Deichlinie. Sie werden inzwischen zum Teil als bebaute und unbebaute Wegstrecken genutzt.
Ein Sommerdeich ist, wie der Seedeich, ein Deich der 1. Deichlinie. Nur ist er deutlich niedriger und weniger stark als der Seedeich. Zum Beispiel werden Halligen durch Sommerdeiche teilgeschützt. Bei besonders hochauflaufenden Fluten, bei Sturmfluten, werden Sommerdeiche zumeist überspült. Die Hallig meldet »Landunter«.

Am Seedeich - landseitig

Deichgedanken anno 1776

»Ein Hauptdeich soll das hinter ihm liegende Land wider die höchsten Fluthen beschützen (...). Daher muß er mit der Kappe über die wahrgenommene höchste Fluthlinie hervorragen, und seine Breite, wie auch seine Abdachung muß stark genug seyn, dem größten Sturme, der in solchen Gegenden jemals sich eingefunden, unüberwindlichen Widerstand zu leisten.«

(Aus: »Oeconomische Encyclopädie« von D. Johann Georg Krünitz, achter Teil; 1776)

Wie seit Jahrhunderten: Deiche schützen das dahinter liegende Land

»Loch« im Deich

Aus der tiefliegenden Marsch, aus den Kögen, muß überschüssiges Süßwasser (Regenwasser, Schneeschmelze) abgeführt werden. Sonst würde bei anhaltendem Regen jeder Koog, der rundum von einem Deich eingefaßt ist, voll laufen wie eine Schüssel. Entwässerungsgräben/-leitungen - Fachbegriff: Vorfluter - sind unerläßlich. Auch die von der höheren Geest zufließenden Bäche, Auen, kleineren Flüsse müssen durch die Marsch durchgeführt werden. Alle Richtung Nordsee.
Allerdings ist der Abfluß durch die Seedeiche versperrt. Einfach ein »Abflußloch« im Deich zu lassen, das geht nicht. Jede Flut, erst recht jede Sturmflut, würde durch die Deichöffnung Wassermassen landeinwärts drücken, das Land großflächig unter Wasser setzen. »Deich mit schlichtem Loch« wäre unverantwortlicher Unsinn.
Und doch gibt es diese »Abflußlöcher« im Deich. In spezieller Form: als Siel. Siel wird definiert als Bauwerk mit Verschlußvorrichtung zum Durchleiten eines Gewässers durch den Deich.
Mit sogenannten Stemmsielen kannten sich unsere Vorfahren bereits seit Jahrhunderten aus. Das Sieltor, bestehend aus zwei Flügeln und eingebaut in die Sielkammer, öffnet und schließt sich selbsttätig. Ist zur Zeit der Flut der Wasserstand seeseitig hoch, drückt das Wasser gegen die Torflügel. Das Tor schließt sich. Bei Ebbe ist der Wasserdruck des von Land zufließenden Wassers größer, das Stemmtor öffnet sich und das Wasser von Land fließt ab. Moderne Siele sind zumeist mit ergänzender Technik ausgestattet. Dadurch kann zum Beispiel die Menge des abfließenden Wassers reguliert werden. Schöpfwerke können landseitig aufstauendes Wasser in die See pumpen.

Sielbauwerk von Ehstensiel auf Eiderstedt mit »Loch im Deich«

Stemmtor des Siels im Seedeich von Ehstensiel auf Eiderstedt

Speicherbecken

Durch die Siele im Deich ist der Abfluß des überschüssigen Wassers von Land gewährleistet. Leider nicht immer. Bei anhaltendem, auflandigem Sturm mit hochauflaufender (Sturm-)Flut ist der Wasserdruck von See – selbst zur eigentlichen Ebbezeit – so stark, daß die Sieltore sich nicht öffnen. Das kann schlimmstenfalls mehrere Tage anhalten. Die Folge: Das landseitige Wasser kann nicht abfließen, es staut auf, führt zu schweren Überschwemmungen. Auch moderne Schöpfwerkspumpen in Sielbauwerken können die aufstauenden Wassermassen nicht bewältigen. Die Bewohner der meeresnahen Marschen kennen seit eh und je die doppelte Wassernot: Von außen durch Deichbruch, von innen durch nicht abfließendes, aufgestautes Wasser. Küstenspruch: *»Versupt wi nich in Soltwater, versupt wi in Sötwater.«*)*

Um die nach wie vor bestehende Gefahr des aufstauenden Binnenwassers zu mindern, wurden in unserer Zeit dafür an besonders exponierten Stellen »Stauräume« geschaffen. Durch Eindeichungen entstanden Speicherbecken und Speicherköge. Darin sammelt sich das zufließende, aufstauende Binnenwasser. Das bewohnte, bewirtschaftete Land wird dadurch entlastet und besser geschützt.

Und endlich: Der Sturm läßt nach, Ebbe setzt ein, die Sieltore öffnen sich wieder, das Stauwasser fließt ab.

Einige der Speicherbecken und -köge:
Hauke-Haien-Koog mit Norderspeicherbecken und Süderspeicherbecken, Speicherbecken im nördlichen Teil des Beltringharder Koogs, Arlau-Speicherbecken im südlichen Teil des Beltringharder Koogs vor Holmer Siel, Speicherbecken am Hafen Strucklahnungshörn auf Nordstrand, Speicherbecken Everschopsiel auf Eiderstedt, Speicherkoog Dithmarschen/Meldorfer Bucht.

*) Hochdeutsch: »Ersaufen wir nicht in Salzwasser, ersaufen wir in Süßwasser«

Holmer Siel des Beltringharder Koogs.
Geöffnetes Sieltor, abfließendes Binnenwasser

Links:
Speicherbecken im südlichen Teil des Beltringharder Koogs

Material für Lahnungsbau

Küstenschutz hat viele Facetten. Auch der Bau von Lahnungen gehört nach wie vor dazu. Holz und Busch, präzise: Pfähle und Faschinen, sind die traditionellen Baustoffe der Buschlahnungen. Davon werden große Mengen benötigt, wie die riesigen Materialstapel auf dem Gelände des Bauhofes Husum des LKN*) eindrucksvoll zeigen. Mit Schleppern, auf Pontons und auf eisernen, extrem flachbodigen Schuten wird das Material vor Ort gebracht.

*) LKN = Landesbetrieb für Küstenschutz, Nationalpark und Meeresschutz Schleswig-Holstein

Transport-Schuten am Kai des LKN im Husumer Außenhafen

Auf dem Bauhof Husum des LKN: Faschinen und ...

... *Pfähle*

Lahnungen

Lahnungen werden errichtet, um Sedimente im Flutwasser vor der Küste zurück zu halten und damit die Wattflächen zu erhöhen. Das war früher ein Mittel, um (schneller) Vorland zu gewinnen, das dann, wenn es »deichreif« geworden war, eingedeicht werden konnte. Heute dienen Lahnungen und die dadurch erhöhten Wattflächen nur noch dem verbesserten Küstenschutz.

Lahnungen vor dem Deich

… dann kommt »Isern Hinnerk II«

Nur bei erhöhten Wasserständen werden die Sperrwerkstore der Häfen geschlossen. Sonst bleiben sie geöffnet und die Tiden können ungehindert ein- und ausfließen. Das vom Wattenmeer auflaufende Wasser ist zumeist mit Sedimentstoffen befrachtet. Die sich dann im ruhigen Hafenbecken absetzen, sich Schicht für Schicht aufbauen. Dadurch verringert sich die Fahrwassertiefe für die Schiffahrt und Fischerei. Bevor es kritisch wird, ist für Abhilfe gesorgt. Beispiel: In Friedrichskoog kommt dann »Isern Hinnerk II«. Strich für Strich fährt dieser Schwimmbagger das Hafenbecken auf und ab. Wie ein Rüssel senkt er sein Saugrohr bis auf den Grund. Vorne am Rohr sorgt der Schneidkopf dafür, daß auch festes Sediment gelöst und durch die Baggerpumpe aufgesaugt werden kann. Das aufgenommene Baggergut wird auf speziell ausgewiesenen Spülfeldern ausgebracht.

»Isern Hinnerk II« gehört zur technischen Ausstattung des »Landesbetriebes für Küstenschutz, Nationalpark und Meeresschutz Schleswig-Holstein (LKN)«. Gelegentlich muß »Isern Hinnerk II« gewartet, gepflegt, auch repariert werden. Dann wird der Schwimmbagger in das Trockendock des Bauhofes Husum des LKN verholt. Das Dock im Bereich des Husumer Außenhafens ist tidenabhängig, von einem Stemmtor abgeschlossen. Wartungs- und Pflegearbeiten, auch kleine Reparaturen für »Isern Hinnerk II« und anderes technisches Gerät führen die Mitarbeiter des LKN selbst aus. Sie gehören zum LKN-Geschäftsbereich Küstenschutz und Häfen: Instandhaltung und Betrieb, Bekämpfung von Meeresverschmutzungen.

»Isern Hinnerk II« auf Arbeitsposition im Hafen Friedrichskoog

PELLWORM, FÖHR, AMRUM

Zu Inseln und Halligen

Amrum, Föhr und Pellworm sind »richtige« Inseln. Soll heißen, sie haben keine feste Landverbindung per Damm zum Festland, wie Sylt und Nordstrand. Gleiches gilt für Hallig Hooge und Hallig Langeness. Wer hier hin will, nimmt die Fähre. Je nach Fahrziel und Reederei ab Strucklahnungshörn auf Nordstrand, ab Schlüttsiel oder ab Dagebüll. Für den anreisenden Gast beginnt auf dem Schiff bereits der Urlaub. Seefahrt beruhigt, entspannt. Mit dem achteraus verschwindenden Festland verschwindet auch der Alltag. Wenn dann noch die Sonne scheint...

Die Fähre »UTHLANDE« der Wyker Dampfschiffs-Reederei Föhr-Amrum GmbH

Fähranleger Wittdün auf Amrum ist erreicht: »Klar bei Festmachertrosse«

W.D.R.

Pellworm – Insel zum Entspannen

Pellworm – die grüne, nur 37 Quadratkilometer große Marscheninsel. Die Landwirtschaft ist bedeutendster Wirtschaftszweig. Fremdenverkehr gibt es, aber der wahrhaft sanften Art. Ohne Hotelhochhäuser und dergleichen. Ferienwohnungen privater Vermieter dominieren das Unterkunftsangebot. Der Vollständigkeit halber: Pellworm ist Nordseeheilbad.

Die kleinen Dörfer sind anders als sonst gewohnt. Ein erkennbarer Dorfkern fehlt. Die Häuser sind locker aufgereiht an einer Straße, die vielfach auf einem Mitteldeich, sprich: Binnendeich, verläuft.

Wiesen, Weiden, Äcker, kleine Binnengewässer und der Seedeich ringsum bestimmen das unverbaute, beschauliche, friedliche Landschaftsbild. Eine wunderbare Insel zum Entspannen, ohne Urlaubsstreß. Und die Nordsee ist immer ganz nah.

Kurs Pellworm:
Die Spur der Fähre im Meer

Impressionen der Pellwormer Landschaft

Der Turm der Alten Kirche

Es ist die imposanteste, markanteste und auch schönste Ruine des gesamten Landes Schleswig-Holstein: der Turm der Alten Kirche auf Pellworm. Richtiger gesagt, der Rest dieses einst viel höheren Backsteinbauwerkes. Im 13./14. Jahrhundert soll der Turm gebaut worden sein, damals 52 Meter hoch. Wohl nicht nur als reiner Kirchturm, sondern zugleich auch als Wehrturm, Zufluchtsstätte und weithin sichtbares Seezeichen.

Mit Staunen und Ehrfurcht steht man vor dem mächtigen Mauerrest, der ahnen läßt, welch große Kirche hier damals errichtet worden ist. Dabei ist das, was - 26 Meter hoch - noch steht, im Wesentlichen nur der untere Teil des einstigen Turmes. Die anderen Teile sind 1611 eingestürzt und haben das damalige Kirchenschiff teilweise zerstört. Noch heute erkennt man in der Ruine die Umrisse später zugemauerter gotischer Fenster.

In der Westwand der Umriss eines - später zugemauerten - gotischen Fensters

Links:
Der Turm der Alten Kirche auf Pellworm

Auf dem Deich rund um die Insel

Der Pellwormer Seedeich trennt das Marschenland von der Nordsee. Die Deichkrone ist freigegeben für Wanderer. Wer will, kann Pellworm auf dem Deich umrunden. Mit garantiert weitem Ausblick über Land und Meer. Darüber schönster Schleswig-Holstein-Himmel: hellblau mit weißen Wolken.

Historische Kulturspuren im Watt

Im Wattenmeer vor der Nordküste von Pellworm. Ein üblicher Urlauber-Spaziergang auf Meeresboden zur Zeit der Ebbe sollte es werden. Es wurde zu einer Begegnung mit der Vergangenheit, mit dem Leben der Menschen vor 375 Jahren. Menschen, die hier, wo zur nächsten Flut in sechs Stunden wieder meterhoch die Nordsee stehen wird, ihre Felder bestellten, Gräben und Wege angelegt hatten.
Kulturspuren im Watt! Dort ein kreisförmiger Überrest - ein ehemaliger Brunnenring? Reste viereckiger, mit Torfsoden oder Torfbrocken gefüllter Gruben - welchem Zweck dienten sie? Eine größere Wirtschaftsfläche - die Einteilung langgestreckter, durch Gräben geteilter Felder ist erkennbar. Der ausgewitterte Stumpf eines Holzpfostens - stand hier vormals ein Stall oder eine Einfriedung?
In der großen Sturmflut von 1634 ist dieses Kulturland untergegangen. Oder es wurde in den folgenden Jahrzehnten endgültig aufgegeben, weil man es nicht wieder eindeichen konnte. Danach bedeckte die See das Land mit Ablagerungen von Sedimenten. Und bewahrte damit die Spuren früheren Lebens. Die Erosionskraft des Meeres hat die Sedimentschicht inzwischen großflächig abgetragen, die Kulturspuren kommen - bei Ebbe - wieder zum Vorschein. Was für eine grandiose Abfolge der Wirkungen der Nordsee! Und die See wirkt weiter. Sie wird die Kulturspuren abtragen, endgültig. Wie schnell es geschieht, weiß niemand. Es kann länger dauern.

Die Wirtschaftsfläche läßt die Einteilung mit langgestreckten, durch Gräben geteilten Feldern erkennen

Oben: Rest einer mit Torfbrocken/Torfsoden gefüllten Grube - oder ein Fundament?
Links: Ein ehemaliger Brunnenring?
Rechts: Ausgewitterter Stumpf eines Holzpfostens

Oder auch schnell gehen, zum Beispiel nach harten Wintern oder stürmischen Monaten.
Und dann steht man, sehr nachdenklich geworden, in der Weite des Watts mit diesen Zeugnissen des Lebens der Vorfahren. Man spürt Betroffenheit, ob der Schicksale der Menschen, denen die Sturmflut von 1634 alles nahm, vielleicht auch das Leben.
Historische Kulturspuren im Watt - ein emotionales Erlebnis.

Dekoration der Landschaft

Die Mühle, der Leuchtturm, die Häuser direkt hinter dem Seedeich erfüllen natürlich ihren vorgesehenen Zweck. Für den Gast wirken sie außerdem wie eine sympathisch-freundliche und interessante Dekoration der Pellwormer Landschaft.

Die historische Pellwormer Nordermühle beherbergt ein Restaurant

Haus hinter dem Seedeich nahe der Badestelle Kaydeich

Der 1906/07 errichtete, 41,5 Meter hohe Leuchtturm von Pellworm im Süderkoog

Wyk, Föhr und königlicher Glanz

Vor 190 Jahren, anno 1819, haben der Land- und Gerichtsvoigt von Colditz und die Bürger Peter Andersen und Knut Lewsen das Föhrer Seebad Wyk (damals: Wiek) »auf Aktien« gegründet. Als erstes Seebad an der schleswig-holsteinischen Westküste, 37 Jahre vor Gründung des Seebades Westerland auf Sylt. In der ersten Saison kamen 61 Gäste. Jeder Anfang ist eben schwer. C.P. Hansen, der berühmte Chronist der Uthlande, schreibt:*) *»Mit der Badeanstalt, so lange sie auf Actien stand, ging es fortwährend den Krebsgang.«* Dann aber ging es aufwärts mit dem Seebad Wyk – dem dänischen Königshaus sei Dank. Von 1842 bis 1847 wählten König Christian VIII., Königin Charlotte und Kronprinz Friedrich**) Wyk jedes Jahr zum Sommeraufenthalt. Natürlich kam die Königsfamilie nicht allein. Begleitet war sie stets von einem kleinen Hofstaat, so um die 80 Personen. Der alljährliche königliche Glanz verhalf Wyk mitsamt der ganzen Insel Föhr zu gehobenem Ansehen und zur gesteigerten Nachfrage.

Motiv im Friesendorf Nieblum

Nachdem – wie das so ist mit den Wechselfällen der Geschichte – die Landeshoheit von Dänemark auf Preußen übergegangen war, weilten zwischen 1869 bis 1875 Kronprinz Friedrich-Wilhelm von Preußen und Kronprinzessin Victoria mit ihren Kindern Wilhelm, Charlotte und

Gemütliche Altstadtgasse in Wyk

Heinrich mehrere Sommerwochen auf Föhr.**)
Besagter Wilhelm war später der letzte deutsche Kaiser: Wilhelm II.

1878 und 1879 gab ein anderer »König« den Wykern die Ehre: der Wiener Walzerkönig Johann Strauß (Sohn)**). Die Nordsee muß ihn beeindruckt haben. Hier auf Föhr komponierte er den Walzer »Nordseewellen«.

Heute meldet Wyk auf Föhr in Sachen Könige zumeist »Fehlanzeige«. Weil Margrethe, die dänische Königin, im eigenen Land bleibt. Und weil in deutschen Landen richtige Könige bekanntlich abgeschafft wurden.

Kein Problem, sagen die Wyker und alle anderen Föhringer auch. Das anerkannte Nordseeheilbad Wyk und die gesamte naturschöne Erholungsinsel Föhr mit ihren gepflegten, »schnuckeligen« Inseldörfern haben sich längst als bekannte Urlauber- und Kurlauberregion etabliert. Gäste kommen rund um den Kalender. Im Sommer mehr, im Winter weniger. Sich bestens erholen, Interessantes erleben, Natur genießen kann man auf Föhr immer. Geradezu »königlich«.

*) In »Das Schleswig'sche Wattenmeer und die friesischen Inseln«. Druck und Verlag von Carl Flemming. 1865

**) Angaben übernommen aus dem Infoblatt »Wissenswertes über Föhr«, herausgegeben von der Föhr Tourismus GmbH, Gästeservice. Dem Autor zur Verfügung gestellt im März 2008

Friesenhaus in Utersum

Föhr im September

Mitte September, Tag zwischen Sommer und Herbst. Die Augusthitze ist verschwunden. Stattdessen nur noch frische, klare Luft. Über dem Deich das Himmelsblau wie sauber gewaschen, garniert mit hellen Wolkenpaketen. Die Sonne zaubert Septemberlicht.

Deichspaziergang auf Föhr im September

Oktoberbild

An der Küste auf Föhr. Dunkle, windzerzauste Wolken eines späten Herbstnachmittages im Schein einer sinkenden Sonne. Glitzernde Streifen im Watt. Ein Naturbild – für einen Augenblick.

»Hartelk welkimen«

Amrum liegt - sozusagen - ganz vorn in der Inselwelt Nordfrieslands. In Richtung Westen kommt nur noch Nordsee, unbegrenzt, jedenfalls bis England. Wäre die Erdkrümmung nicht im Wege, könnte man rübersehen nach Great Britain, ungefähr auf Höhe Middlesbrough.

Amrum - mehr Meer geht nicht. Und noch frischere, gesündere Nordseeluft auch nicht.

Nur 2100 Einwohner - so steht es im Urlauberprospekt 2008 - leben auf der 20,5 Quadratkilometer großen Insel. Das sind 102 Einwohner pro Quadratkilometer. Also viel Platz für jeden. Wären da nicht die Urlauber. Deren Anzahl übersteigt die Einwohnerzahl bei weitem. Drängelig voll wird es in den fünf Inseldörfern - Norddorf, Nebel, Süddorf, Steenodde und Wittdün - trotzdem nicht. Und im Land dazwischen sowie in den imposanten, bis 32 Meter hohen Dünen und auf dem »endlosen« Kniepsand schon gar nicht.

So freuen sich die Amrumer darüber, daß Jahr für Jahr und zu allen Jahreszeiten viele Touristen auf ihre Insel kommen. Fremdenverkehr, das ist hier der alles entscheidende Wirtschaftsbereich. Und Nordseebad ist man bereits seit 1890. Ihre Gäste begrüßen die Amrumer so: *»Hartelk welkimen üüb Oomram!«* Das ist Amrumer Inselfriesisch. Auf Hochdeutsch: Herzlich willkommen auf Amrum!

Typische Amrumer Motive

Kniepsand

Nicht Land, nicht Meer: der Kniepsand. Eine riesige Sandbank, die fest an Amrums langer Westküste »angedockt« hat. Seit Jahrhunderten vorhanden, mit wechselnder Gestalt. Wind und Welle, Ebbe und Flut, Sandeintrag und Meeresströmungen sorgen ständig für Veränderungen. Der Kniepsand liegt weitgehend deutlich über der mittleren Hochwasserlinie, wird nur bei besonders hoch auflaufender See überflutet. Größtenteils ist der Kniepsand bügelbrettflach. Eine großartige Sandbankebene

Kniepsand – endlos erscheinende Weite

Knudt Wögens
GEBOREN Aº 1696 GESTORBEN Aº 1758
D. 6 DECEMBER D. 16 FEBRUARY
Copulirt 1719 MIT FRAU Ellen Knuten
IN DIESER EHE MIT 3 SÖHNE UND
5 TÖGTER GESEGNET WORDEN
ZUR ZEE HAT ER GEFAHREN 32 IAAREN
WOVON ER DIE LETZTE 10 IAAREN
FÜR Comandeur von Hamburg
GEFAHREN MIT DEM SCHIF
DE GEKROONDE HOOP
SIN LYCHEN TEXT STEHET
2 TIMOTS Cap 1 v 12

Segelschiffe – in Stein gemeißelt

Amrumer Broterwerb früher. Der Fremdenverkehr war noch nicht »erfunden«. Dünengelände und magerer Geestboden ermöglichten keine für die Ernährung der – vielfach kinderreichen – Familien ausreichende Landwirtschaft. Deshalb wurden viele Amrumer (wie auch Föhringer und Sylter) Seeleute. Manche brachten es zum Schiffsoffizier, zum Kapitän. Insbesondere im 17. und 18. Jahrhundert segelten sie für ausländische Reedereien. Andere waren auf eigenen kleinen Küstenfrachtern selbständig.

Für die Erfolgreichen unter ihnen, die es zu Wohlstand gebracht hatten, ließen nach deren Ableben die Hinterbliebenen großformatige Grab- und Gedenkstelen errichten. In feiner Steinmetzarbeit berichten diese Sandsteintafeln mit ausführlichen Texten noch heute vom Leben dieser Amrumer. Von Geburt und erreichtem Lebensalter, von der Ehe, von der Anzahl der Kinder. Und von den beruflichen Seefahrtserfolgen. Diese Gedenktafeln sind mit je einem plastisch aus dem Stein herausgemeißelten, detailgetreuen Segelschiff geschmückt. Mit Vier- und Dreimastern, mit kleinen Küstenschiffen. Unter Vollzeug, mit gerefften Segeln oder auch abgetakelt.

Auf dem Friedhof von Nebel, neben der Kirche, ist eine Anzahl dieser »erzählenden« Grabplatten aus drei Jahrhunderten aufgestellt. Sie berichten vom Leben und Sterben einiger Amrumer. Und sie sind zugleich eine interessante, steinerne Schau von Seefahrzeugen aus vergangenen Segelschiffzeiten.

Schiffsdarstellungen auf historischen Gedenksteinen auf dem Friedhof von Nebel

Gedenkstein auf dem Friedhof von Nebel

Friesisch – die Sprache

Die Einwanderer des 8. bis 10. Jahrhunderts haben ihre eigene Sprache mitgebracht: Friesisch. Wohlgemerkt, Friesisch ist eine eigene Sprache. Nicht etwa eine Mundart oder ein Dialekt des Deutschen. Heute ist Friesisch als europäische Regionalsprache offiziell anerkannt.
Mehr als 1000 Jahre sind seit der Einwanderung der Friesen an die schleswig-holsteinische Nordseeküste von Eiderstedt bis zur dänischen Grenze vergangen. Und doch blieb die friesische Sprache - neben dem beherrschenden Hochdeutsch und zum Teil Plattdeutsch - erhalten.
Friesisch wird wieder mehr gepflegt und gefördert. Diese Heimatsprache ist in Nordfriesland (nicht auf Eiderstedt) noch immer ein Identitätsmerkmal für Teile der Bevölkerung. In einer Welt zunehmender Globalisierung wird Heimatverbundenheit wieder bedeutungsvoller. Friesisch, die Sprache, gehört dazu.
Bleibt nachzutragen: Bedingt durch die in früheren Jahrhunderten isolierte Lage der Inseln und Halligen, auch einzelner Festlandsbezirke, hat die friesische Sprache verschiedene Mundarten ausgebildet. Sylter Friesisch unterscheidet sich vom Amrumer Friesisch, Hallig-Friesisch von Föhringer Friesisch - und so weiter.

Auch in der Ortschaft Nebel auf Amrum tragen die Straßen friesische Namen

Krümwai = Krummer Weg
Ualjaat = Alte Gasse
Uasterstigh = Osterstraße (Ostenstraße)

Flair aus alten Tagen in Nebel

Amrum lebt vom Fremdenverkehr. Das Touristische ist allgegenwärtig. Auch in Nebel. Aber hier blieb im Ortskern viel Flair aus alten Tagen erhalten. Mit reetgedeckten Friesenhäusern in gemütlich engen Straßen und Wegen. Und mit blütenbuntem Blumenschmuck vor Hauswänden und in schmalen Vorgärten.

Motive in der Ortschaft Nebel auf Amrum

In den Amrumer Alt-Dünen

Jahrhunderte, vielleicht ein paar Jahrtausende haben Meer und Wind, diese ewigen Verbündeten, zusammengewirkt. Und die ausgedehnte Amrumer Dünenwelt entstehen lassen. Eine faszinierende Landschaft. Bestehend aus kleinsten Teilen, aus feinsten Sandkörnern. Mit bis zu 30 Meter hohen Kuppen. Die meisten alten Dünen sind durch Bewuchs festgelegt. Doch sandhelle, freie Hänge zeigen: die Düne lebt. Sandfahnen, windgetrieben, stehen in der Luft.

In der Amrumer Dünenwelt

Minidünen

An verschiedenen Stellen auf dem Kniepsand hat sich Binsenquecke angesiedelt, ein ausdauerndes, salzverträgliches Strandgras mit langen Ausläufern. Für die Bildung neuer Dünen direkt am Meer die wichtigste Pflanze. Binsenquecke – auch Strandquecke, Strandweizen, Wilder Weizen genannt – wächst mit der Düne hoch, ist übersandungsfest. Die Pflanze ist ein natürlicher Sandfänger. Schon haben sich in ihrem Windschatten kleine Sandanhäufungen, Minidünen, gebildet. So können nach und nach hohe Dünen aufwehen. Falls nicht die nächste Sturmflut sich als »Plattmacher« betätigt.

Minidünen auf dem Kniepsand

Eine Minidüne hat sich gebildet

Binsenquecke als Sandfänger

Junge Dünen

Auf dem Kniepsand, besonders auf der Höhe des Quermarkenfeuers, haben sich aus Minidünen bis zu vier Meter hohe neue Dünen gebildet. Eine wunderbare junge Dünenwelt entsteht. Natur in ihrer elementarsten Form. Weitere Pflanzen siedeln sich nach und nach auf den noch lockeren Sandgebilden an, wie zum Beispiel Strandroggen und - in überflutungsfreier Höhe - Strandhafer.

Junge Dünen auf dem Kniepsand

Spuren im Dünensand

Frisch aufgewehter Dünensand ist anfangs extrem locker. Sogar die Vögel hinterlassen darin ihre Trittspuren. Schon bald sind sie von frischem Sand zugedeckt.

Vogelspuren im Dünensand

Amrumer Wahrzeichen

Drei Bauwerke haben die Amrumer zu ihren Wahrzeichen erklärt:
Die 1240 erstmals erwähnte St. Clemens-Kirche von Nebel. Mit den strahlend weißen Mauern und dem Reetdach. Der Turm wurde erst 1908 angebaut.
Die weithin sichtbare Windmühle von Nebel, auf hohem Geestrücken vor dem Ort stehend. Die Mühle ist ein 1771 errichteter, reetgedeckter sogenannter Erdholländer.
Den imposanten Leuchtturm inmitten der Dünen. Er leuchtet seit 1875.

Rechts:
Leuchtturm auf Amrum

Die Kirche von Nebel

Die Windmühle von Nebel

Opfer der See

Der »Friedhof der Heimatlosen« auf Amrum. Dichte Fliederhecken rahmen ihn ein, vermitteln ein Gefühl stiller, abgeschiedener Geborgenheit. Durch eine weiße Holzpforte betritt man die kleine Anlage. Zwei Reihen schmaler Grabstätten, alle mit einem schlichten Holzkreuz versehen. Kein Name, nur jeweils ein Datum. Der Tag, an dem der unbekannte Tote am Strand angeschwemmt, gefunden, geborgen und hier bestattet wurde. Zwei Reihen Opfer der See. Ungeklärte Menschenschicksale, die sich hier vollendet haben, auf dem »Friedhof der Heimatlosen« gegenüber der Mühle von Nebel. Der Besucher, nachdenklich geworden, überlegt: Die hier Bestatteten waren eigentlich wohl nicht heimatlos. Nur haben sie ihre Heimat nicht mehr erreicht. Nicht im Leben und nicht im Tod.

Eingang zum »Friedhof der Heimatlosen«

Gräber mit den namenlosen Holzkreuzen

HALLIGEN

Wie Punkte in der See

Wer sich von See der Hallig nähert, sieht diese lange Zeit nicht. Zu niedrig ist das Land, zu wenig ragt es aus dem Meer. Die Warften mit ihren Häusern darauf sind dann als erstes auszumachen. Wie eigene kleine Inseln in der Welt des Wassers. Punkte in der See. Später erst ist - als gerader Strich - die Halliguferkante zu erkennen.

Warften auf der Hallig - wie Punkte in der See

Blick über See: Warft auf Hallig Langeness

Zum Beispiel Hallig Hooge

Im Nordfriesischen wird unterschieden zwischen Insel und Hallig.

Inseln sind durch Steilküsten oder hohe Dünenketten, insbesondere aber durch Landesschutzdeiche gegen die See abgeschirmt. Profil, Höhe und Stärke dieser Außendeiche sind so berechnet, daß sie auch kräftigsten Sturmfluten und höchsten Wasserständen trotzen.

Halligen hingegen sind unbedeicht, ungeschützt. Eigentlich. Und das seit Jahrhunderten. Die See, die einst die Halligen geschaffen hat, war dabei, sie wieder zu nehmen. An den niedrigen, ungeschützten Halligkanten nagte die Erosionskraft jeder Flut. Sturmfluten führten nicht nur zu häufigen Überschwemmungen der Halligen, zu »Landunter«, sondern auch zu erheblichen Landabbrüchen, Landverlusten. Um 1640 war - zum Beispiel - Hallig Hooge etwa 1440 Hektar groß, heute sind es nur noch rund 560 Hektar. Um ein völliges Verschwinden der Halligen zu verhindern, wurden zum Teil Steinkanten gesetzt und - wie auf Hooge - ein sogenannter Sommerdeich errichtet. Sommerdeiche sind deutlich niedriger und weniger stark als die Landesschutzdeiche der Inseln und der Festlandküste. Hooge wird jetzt durch den Sommerdeich bis zu einem Wasserstand von 1,50 Meter über dem Mittleren Tidehochwasser (MThw) gegen Überflutung geschützt. Läuft bei Sturmflut das Wasser höher auf, meldet auch Hooge wieder »Landunter«. Das geschieht - viel seltener als vor dem Bau des Sommerdeiches - durchschnittlich noch immer einige Male im Jahr. Und deshalb ist Hooge auch weiterhin eine Hallig, keine Insel. Eine Hallig, auf der die Häuser wie zu allen Zeiten dicht gedrängt auf Warften stehen. Warften, die nach der schlimmen Sturmflut vom 16./17. Februar 1962 noch erhöht oder mit einem ergänzenden Ringdeich versehen wurden.

Auf der Kirchwarft: Pastorat (links) und daneben die Kirche

Halligkirche

Auf Hallig Hooge. Das Pastoratsgebäude ist größer als die unmittelbar daneben stehende Kirche. Und manche Teile der Kirchenausstattung sind älter als das Kirchengebäude. Auf Halligen ist eben manches anders als auf dem Festland.
Gebaut wurde die kleine Halligkirche von Hooge in den Jahren 1637/42. Also wenige Jahre nach der verheerenden Sturmflut von 1634, in der Alt-Nordstrand in großen Teilen unterging. Auch die zehn Jahre zuvor, anno 1624, gebaute Kirche von Osterwoldt wurde in der 1634er Sturmflut weitgehend zerstört. Aus ihrem Material, aus geborgenen Backsteinen, wurde die Hooger Kirche errichtet. Gerettete Inventarteile kamen ebenfalls nach Hooge. Zum Beispiel das Gestühl mit den beschnitzten Wangen und die Holztaufe.
Das kleine Kirchlein von Hooge mit der gemütlichen Holzbalkendecke vermittelt im Innern ein Gefühl von Ruhe und Geborgenheit. Einen Kirchturm gibt es nicht. Die Glocke hängt im freistehenden Glockenstapel, bestehend aus vier kräftigen Ständerbalken.
Gottesdienst ist sonntags um 10.00 Uhr. Die Kirche kann – außer montags – täglich besucht werden. Zur stillen Einkehr, zur Besichtigung.

Blick in die Halligkirche von Hooge

»Königspesel« – dank Friedrich VI.

Im Sommer 1825 besuchte der dänische König Friedrich VI. die schleswig-holsteinische Nordseeküste. Der Monarch wollte sich ein Bild machen von den Auswirkungen der Jahrhundertsturmflut vom 3. Februar 1825. Er bereiste die Festlandküste von Glückstadt bis Husum, dann die Inseln Nordstrand, Pellworm, Föhr und Sylt.

Und der König kam auch nach Hallig Hooge. Am 2. Juli 1825 war man vom nahen Pellworm herüber gesegelt und wollte am selben Tag wieder zurück. Aber der Wind briste aus Nordwest heftig auf, die Rückfahrt mußte verschoben werden auf den folgenden Tag. Im besten Haus auf der Hanswarft – von der Februarflut offenbar weniger stark beschädigt oder bereits wieder hergerichtet – nahm der König Logis.

Ein Glücksfall, wie sich später herausstellen sollte. Wird doch dieses Gebäude seither allgemein »Königspesel« genannt. Obgleich der Begriff Pesel nicht ein gesamtes Gebäude, sondern die gute Stube darin bezeichnet. Zur Ausstattung des »Königspesels« hat besagter König nichts beigetragen. Das hatte vorher, ab 1760, Kapitän Tade Hans Bandiks besorgt, der sein neu errichtetes Haus mit wertvollen holländischen Bildmotivkacheln und vielen kunstvollen Exponaten aus aller Herren Länder ausstattete. Eine Menge Heimatkundliches kam hinzu. Kapitän Bandiks war ein wohlhabender Mann.

Heute ist das Gebäude Museum, das – nach Eigenangabe – älteste Privatmuseum Schleswig-Holsteins. Unter dem weithin bekannten Namen »Königspesel«.

Auf Hallig Hooge gibt es, ebenfalls auf der Hanswarft, ein weiteres Museum. Das Privatmuseum Hans von Holdt. Zitat aus einer Anzeige im Gastgeberverzeichnis Hallig Hooge 2008: *»Begeben Sie sich auf die Spuren der letzten 300 Jahre Halliggeschichte und machen Sie sich ein Bild der Seefahrts- und Walfängerzeit.«*

Hier geht's zum Königspesel

Die Sturmflut vom 3. Februar 1825 auf Hallig Hooge

Statistiken berichten über Tragödien großer Sturmfluten in nüchternen Zahlen. Über Verluste und Schäden durch die Sturmflut vom 3. Februar 1825 auf Hallig Hooge zum Beispiel wie folgt*):

- *Menschen (ertrunken): 25*
- *Familien, die weggezogen sind: 19*
- *Stärke der weggezogenen Familien (Personen): 53*
- *Ganz verschwundene Häuser: 23*
- *Ganz verschwundene Häuser und solche, die nicht bewohnbar sind: 75*
- *Nachgebliebene und bewohnbare Häuser, die aber auch mehr oder weniger beschädigt sind: 12*
- *Verlust an Vieh: 50 Kühe, 140 Schafe*
- *Kirche und Pastoratsgebäude: stark beschädigt*

Rettung nach der grauenvollen Sturmflutschreckensnacht durch Föhrer Fischer im Morgen des 4. Februar 1825

Die unbeschreibliche Not und Verzweiflung der Menschen in dieser Sturmflutnacht auf Hooge läßt das Bild des Zeichners E. Hartmann ahnen. Die Darstellung beruht auf einer wahren Begebenheit. Die ganze bitterkalte Januarnacht hat die fünfköpfige Familie auf dem Dachfirst ihres von Fluten und Sturm umtosten, bereits schwer beschädigten Hauses in Todesangst ausgehalten. Immer hoffend, daß der Haustorso hält, nicht zusammenbricht. Der Einsturz des Hauses wäre auch für diese Menschen der sichere Tod durch Ertrinken gewesen.

Am Morgen des 4. Februar 1825 wurde die Familie durch mutige Föhrer Fischer in ihren Booten gerettet – wie auf dem Bild dargestellt. Alle fünf Familienmitglieder überlebten diese Nacht, auch das Baby im Arm der Mutter. Vierzig Jahre später lebte dieses Baby aus der grauenvollen Schreckensnacht als Frau des Schusters auf Föhr. Ihr Name: Anna Johanna Eck.

*) Statistische Angaben übernommen aus »Das Wasserwesen an der Schleswig-Holsteinischen Nordseeküste«, erster Teil: Die Halligen, Band I. Von Professor Friedrich Müller. Erschienen 1917 bei Dietrich Reimer (Ernst Vohsen) Berlin

Sonnenuntergang am Meer

Sonnenuntergang an einem Maitag über Hallig Hooge. Gesehen von der Nordküste auf Pellworm.

Über den Lorendamm nach Nordstrandischmoor

1933 wurde die kleine Hallig Nordstrandischmoor mit einem Damm an das Festland angebunden. Es ist ein bescheidener Damm, nur für Lorenverkehr auf Schmalspurschienen nutzbar. Nicht für Autos, nicht für Wanderer. Hochwassersicher ist der Lorendamm auch nicht. Dennoch, ab 1933 fühlten sich die wenigen Bewohner dieser Hallig im Wattenmeer etwas weniger verlassen vom »Rest der Welt«. Schließlich gab und gibt es keine regelmäßige Fährverbindung nach Nordstrandischmoor.
6,47 Kilometer betrug zur Bauzeit im Jahr 1933 die Länge des Dammes, vom Cecilienkoog auf dem Festland bis zur Ostseite der Hallig. Die Baukosten bezifferte das Marschenbauamt Husum auf 787.000 Reichsmark.
1987 erfolgte die Vordeichung der Nordstrander Bucht. Die Deich- und Festlandslinie verschob sich dadurch weiter seewärts. Anders gesagt: Nordstrandischmoor rückte näher ans Festland. Der Lorendamm verkürzte sich auf drei Kilometer Länge. Statt früher im Cecilienkoog, beginnt der Damm auf der Festlandseite jetzt bei

Lorenfahrt von der Hallig zum Festland

Lüttmoorsiel im neu entstandenen Beltringharder Koog.
Nach 70 Jahren Standzeit wies der alte Damm nicht mehr die erforderliche Höhe auf. Von 1995 bis 2001 wurde in mehreren Bauabschnitten eine Verstärkung des Dammes vorgenommen. Seine jetzige Kronenhöhe liegt 0,50 Meter über MThw (= Mittlerer Tidehochwasserstand).

Der Lorendamm nach Nordstrandischmoor

Ansonsten ist es, wie es immer war, jedenfalls seit 1933. Will ein Bewohner von Nordstrandischmoor auf's Festland – vielleicht zwecks Behandlung beim Zahnarzt oder für größere Einkäufe – besteigt er eine Lore und fährt über den Damm. Früher diente nur ein Segel als Antrieb. Heute tuckert man per Motorkraft. Je nach Stand der Tide ist während der Überfahrt links und rechts neben dem schmalen, niedrigen Verbindungsdamm entweder blankes Nordseewasser oder graues Watt. Bei besonders hochauflaufender Flut, bei Sturmflut, wird der Damm überspült, ist nicht passierbar. Dann muß die Zahnarztbehandlung verschoben werden. Und alles andere auch, was auf dem Festland zu erledigen wäre.

Halligflieder

Diese ausdauernde, 20 - 50 cm hohe Staude hat mehrere Namen. Für studierte Botaniker heißt sie Limonium vulgare. Auf Hochdeutsch unter anderem Strandflieder und Strandnelke. Im Friesischen auch Bondestave. Eine alte Bezeichnung lautet Widerstoß. Ein passender Name, wurde die Pflanze doch früher in der volksnahen Naturmedizin als »Gegenstoß« bei Durchfall eingesetzt.

Der schönste und treffendste Name aber ist Halligflieder. Denn auf Salzwiesen der Halligen blüht diese Pflanze noch am verbreitetsten. Von Juli bis August sind die blaulila bis violetten Doldenblüten zu bewundern.

Früher wurden die Blütenstände des Halligflieders viel gepflückt. Weil sich Form und Farbe in Trockensträußen ausdauernd bewahren. Den Beständen ist das »Abernten« der Blütenpracht nicht bekommen. Dadurch wurde der Halligflieder in manchen Gebieten dezimiert. Halligflieder steht unter Naturschutz. Ansehen, sich daran freuen: ja! Pflücken: nein!

Auf Hallig Langeness im Juli: Der Halligflieder blüht

EIDERSTEDT,
ST. PETER-ORDING,
TÖNNING

Eiderstedt – markanteste Halbinsel des Landes

Eiderstedt ist die markanteste und bekannteste Halbinsel Schleswig-Holsteins. An der Nordsee gelegen, ungefähr auf halber Strecke der schleswig-holsteinischen Westküste zwischen der Elbe im Süden und der (offenen) Landesgrenze zu Dänemark im Norden. Eiderstedt ist von Ost nach West rund gerechnet 30 Kilometer lang und von Süd nach Nord um die 15 Kilometer breit. Eine liebliche Landschaft ist Eiderstedt nicht. Hügel und Täler fehlen, ausgedehnte Wälder auch. Selbst die sonst für Schleswig-Holstein typischen Knicks haben hier keine Chance. Nur von Katharinenheerd über Garding bis Tating zieht sich ein äußerst schmaler, nur etwas erhöhter Geestrücken, vor unendlichen Zeiten als Dünenkette aufgeweht. So steht Gardings Zentrum tatsächlich auf einem Hügel. Mit der Kirche auf dem höchsten Punkt. Ansonsten aber ist die offene Weite des Kilometer und Kilometer ebenen Landes faszinierend. Entwässerungsgräben und Sielzüge, die niedrigen Binnendeiche und die hohen Seedeiche, die weithin sichtbaren

Blick vom Seedeich in den Tümlauer Koog – kurz vor einem Gewitter

Mächtige Haubarge, diese imponierenden Zeugen einer historischen Bauernhausarchitektur, gehören auf Eiderstedt noch immer zur Landschaft. Bild: Der »Rote Haubarg« im Adolfskoog. Der »rote« Name stammt vom ursprünglich roten Ziegeldach. Heute bekanntes Restaurant und kleines Landwirtschaftsmuseum

Kirchtürme, die Haubarge, Mastrinder auf grünen Dauerweiden, Kornfelder, Schafe am Seedeich, die unzähligen verschiedenen Seevögel prägen das Bild und die Stimmung dieser Halbinsel. Und natürlich die Nordsee, die überall ganz nah ist. Mit ihren Sandbänken und den Watten, mit ruhiger See und schwerer Sturmflut, mit Ebbe und Flut im ewigen Wechsel. Dazu der Luftkurort Garding, die freundliche Kleinstadt in der Mitte des Landes. Der Erholungs- und Luftkurort Tönning, die charmante kleine Stadt an der Eider mit großer Vergangenheit und aktiver Gegenwart und mit dem schönsten Hafen der schleswig-holsteinischen Westküste. St. Peter-Ording, das bekannte, beliebte Nordseebad. Und Dörfer, Siedlungen, Einzelgehöfte, verteilt über die Region, »natürlich« gewachsen, harmonisch sich einfügend ins Landschaftsbild. Darüber der Himmel des Nordens. Durchscheinend licht-hellblau heute, sturmdüster morgen.

Nordseeluft

Die Damen und Herren Kurdirektoren und die Fremdenverkehrsvereinsvorsitzenden verkünden es unisono, die Ärzte an der Küste zwischen Büsum und Sylt erläutern es wissenschaftlich: Nordseeluft ist über alle Maßen gesund.
Der urlaubende oder kurende Gast erlebt es bereits nach wenigen Tagen: Man atmet freier, fühlt sich entspannter, kehrt »zum aufrechten Gang zurück«.
Der Arzt Dr. Oscar Louis Scheby-Buch hat es bereits im Jahre 1895 in seinem Buch »Nordseebad Sanct Peter und Ording« mit einem Satz auf den Punkt gebracht: *»Denn an der Nordsee thut es nicht das Wasser, sondern die Luft.«*

Spaziergang an der Brandungslinie der Nordsee

Strand (fast) ohne Ende

12 Kilometer lang, bis zu 2 Kilometer breit ist der feinsandige Sandbank-Strand von St. Peter-Ording. Das sind, sagen die Leute von der Tourismuszentrale, runde 10 Millionen Quadratmeter. Da ist reichlich Platz für jeden und für alles. Für Strandkorbbesitzer und für Flachlieger, für Brandungswanderer und für Bernsteinsucher. Für Strandbekleidete und für die total Textilfreien. Für jene, die's gesellig mögen, und für die anderen, die allein sein wollen. Für die pfeilschnellen Strandsegler und überhaupt für Strandsport und Strandfitness jeder Art. Für Strandfeste und Strandpartys. Für Veranstaltungen von unterhaltsam über kulturell bis sportlich, von laut bis besinnlich-leise.

Außerdem und ganz wichtig: St. Peter-Ordings Sandbank ist der allergrößte, schönste Kinderspielplatz.

Auch außerhalb der Badesaison ist der »unendliche« Strand beliebt. Zum Wandern, Laufen, Joggen und Schlendern. Zum Bernstein-suchen und Brandung-bewundern. Und stets, um frische, gesunde Seeluft zu tanken.

Am Strand von St. Peter-Ording

Allein mit sich und der Natur

Ein Oktobertag. Klein wirkt der Mensch in der unendlich erscheinenden, faszinierenden, stimmungsvollen Weite der Sandbänke von St. Peter-Ording.

Pfahlbauten

Die bundesweit bekannten Pfahlbauten von St. Peter-Ording sind einzigartig an deutschen Küsten. 1911 wurde der erste Pfahlbau errichtet, inzwischen mehrfach durch Neubauten ersetzt. Heute stehen hier, verteilt auf die 12 Kilometer lange Sandbank, fünf Pfahlbautenensembles. Jeweils bestehend aus drei Gebäuden für Gastronomie, Badeaufsicht und Toiletten.

Ein Pfahlbau auf der Sandbank von St. Peter-Ording

Hier fühlen sich alle wohl

Nach St. Peter-Ording kommen sie wirklich alle: Familien mit Kindern und lebensfrohe Singles. Ruhesuchende Senioren und die hippe, sportliche Jugendszene. Berühmte Personen aus Gesellschaft, Wirtschaft, Show-Business und Politik ebenso, wie die sogenannten »einfachen Leute«. Und alle anderen auch.
Alle fühlen sich hier wohl, finden genau das, was sie erwarten. Das Nordseeheil- und Schwefelbad St. Peter-Ording ist nicht auf e i n e n bestimmten »Ruf« festgelegt, sondern der vielseitigste, bunteste Urlauber-, Kurlauber-, Touristenmix. Und doch für jede Zielgruppe punktgenau »zubereitet«.
Zufällig ist das nicht, sondern so gewollt und gekonnt »hinbekommen«. Kompliment!

In St. Peter-Ording gedeihen auch echte Palmen – in Töpfen

Diese »Buden« auf dem neu gestalteten, großzügigen Platz vor der langen Seebrücke von St. Peter-Bad sind wahre »Hingucker«. Sie geben dem gesamten Platzensemble farbig-freundliches Flair

Malerische Dünen von St. Peter

Wo im welligen, weitgehend bewachsenen Terrain noch freie, weiße Abschnitte leuchten, sind sie besonders malerisch - die Dünen von St. Peter-Ording. In früheren Jahrhunderten waren die Dünen noch nicht festgelegt. Sie wanderten, vom Westwind bewegt, landeinwärts. Und verschütteten alles, was im Wege war. So mußte die Kirche von Ording wegen des Vordringens der Dünen und Landabbruchs gleich dreimal verlegt und neu errichtet werden.

Malerische Dünen von St. Peter-Ording. Im Hintergrund die Sandbank und die See

Leuchtturm Westerhever

Das bekannteste Bautenensemble der schleswig-holsteinischen Westküste: Leuchtturm Westerhever, flankiert von seinen beiden baugleichen Häuschen. Gegründet auf 127 Eichenpfählen, steht der Turm mitten in der Salzwiesenlandschaft vor dem Deich auf einer Warft. Bauwerkshöhe: 40 Meter. In Betrieb seit 1908. Im Turm kann geheiratet werden.
Anmeldung: Amt Eiderstedt in Garding, Telefon 04862-1000132.
Turmbesichtigung: Eintrittskarten im Info-Hus am Parkplatz Westerhever.

Leuchtturm Westerhever

Sielhafen

Der kleine, seewärts vor dem Deich gelegene Sielhafen von Tümlauer Koog ist Liegeplatz für eine Reihe von Segel- und Motorbooten. Zur vollen Ebbe liegen die Boote auf. Skipper, die mit ihren Fahrzeugen auslaufen wollen, müssen warten, bis die nächste Flut wieder genügend Wassertiefe unter dem Kiel beschert.

Sielhafen Tümlauer Koog

»Zerfleddertes« Vorland

Die Küste zeigt sich in unterschiedlichen Facetten. Wie hier vor dem Seedeich bei Grothusenkoog auf Eiderstedt. Das mit Andelrasen bewachsene Vorland hat die See wieder »zerfleddert«, ausgekolkt.

Ausgekolktes Vorland

Das »Schiff von Uelvesbüll«

Havariert, gestrandet, beschädigt und dann gesunken ist der Frachtsegler vermutlich in schwerem Sturm etwa Anfang des 17. Jahrhunderts*) am westlichen Deich des Adolfskoogs auf Eiderstedt. Ablagerungen aus Sturmfluten und spätere Deicharbeiten bedeckten das Wrack mit einer hohen, festen Kleischicht, bewahrten es damit vor weiterer Beschädigung und Verrottung.

Weil in alten Strandungsprotokollen nicht vermerkt, war der Havarist längst vergessen. Am 4. Juli 1994 wurde bei Bagger- und Sielbauarbeiten nahe Uelvesbüll das Wrack des etwa 400 Jahre alten Lastenseglers zufällig entdeckt. Unter Leitung des Archäologen Dr. Hans Joachim Kühn konnte das aus Holz gebaute Schiff, mit ursprünglichen Abmessungen von etwa 12 Meter Länge und 3,70 Meter maximaler Breite, in einem Stück (!) unbeschädigt geborgen werden. Eine archäologische und technische Meisterleistung! Durchgeführt von einer Grabungsgruppe des Landesamtes für Vor- und Frühgeschichte Schleswig-Holstein, unterstützt durch den Deich- und Hauptsielverband Eiderstedt und die Vikingeskibshallen/Roskilde. Das Bergekonzept entwickelte die Husumer Schiffswerft, sie baute auch den Bergerahmen und den Konservierungstank. Nach ebenso vorsichtiger wie gründlicher Säuberung des Eichenrumpfes wurde das Wrack in den 91 Kubikmeter fassenden Tank versenkt und darin zwei Jahre in einer Zuckerlösung (!) konserviert. Zuckerverbrauch: 100.000 Kilogramm. Nunmehr ist das »Schiff von Uelvesbüll« im Schiffahrtsmuseum Nordfriesland in Husum zu besichtigen.

*) Nach dem dendrochronologischen Befund ist das Schiff um 1600 auf Kiel gelegt worden.

Das »Schiff von Uelvesbüll« wird an der Fundstelle geborgen

Das »Licht von Eiderstedt«

Lichtblauer, hoher Himmel, garniert mit ein paar Sommerwolken. Der Sonnenschein wird reflektiert von der See und von hellen Sandbänken. Wolken spiegeln sich im Wasser. Diese Komposition der Natur verbindet sich zu dem besonderen »Licht von Eiderstedt«.

Charmante Kleinstadt Tönning

Schon im 12. Jahrhundert war Tönning Haupt- und Kirchort der gleichnamigen Harde. 1590 erhielt Tönning das Stadtrecht. Fünf Jahre später, 1595, wurde der große Marktplatz erstmals gepflastert. Marktplatz mit Pflaster war damals noch keine Selbstverständlichkeit. Aber die Tönninger haben schon immer Wert darauf gelegt, ihre Stadt ansehnlich zu gestalten. Da man durch Aushub des Kanals Norderbootfahrt Erde »übrig hatte«, ließ man damit im Jahr 1616 den Marktplatz erhöhen. Und neu pflastern. Um die Zeit entstand auch der Marktbrunnen mit seiner reich verzierten Sandsteinumrandung und

Blick auf den Turm der St. Laurentiuskirche am Markt

dem schmiedeeisernen Bogen. Nur Zierde war der Brunnen nicht. Noch bis vor einigen Jahrzehnten diente er als Ziehbrunnen der Wasserversorgung. Die Kirche, die den Marktplatz an einer Seite begrenzt, wird in Urkunden bereits 1186 erstmals erwähnt. Nach schwerer Kriegsbeschädigung erfolgte der Wiederaufbau in den Jahren 1700 bis 1708. Der Turm mit seinem dreifach gestuften hohen Helm beherrscht die Szenerie des Marktplatzes. Der ist rundherum ein Schmuckstück der charmanten Stadt Tönning. Der Tönninger Stadtspaziergang sollte auch durch die angrenzenden Altstadtstraßen führen. Zum Beispiel durch die Neustraße mit einigen sehenswerten Treppengiebelhäusern aus dem 17. Jahrhundert.

Sockel des Marktbrunnens, ein Kleinod niederdeutscher barocker Brunnenarchitektur

Treppengiebelhäuser in der Neustraße

Tönning: 8 Quartiere, 15 Straßen

»Tönningen, Hauptort der Landschaft, kleine See- und Handelsstadt an der Mündung der Eider, 5 Meilen von Schleßwig; hat einen guten sichern Haven, ist in 8 Quartiere abgetheilt, mit 15 Straßen, hat 1 Kirche, 1 lateinische, 1 Bürgerschule, 2 Armenhäuser, 1 Leihhaus, 420 Wohnhäuser und gegen 2000 Einwohner, welche meist vom Handel leben (...)«.

(Aus: »Neueste Länder- und Völkerkunde. Vierter Band. Die Königreiche Dänemark, Norwegen und Schweden.« Von Th. Fr. Ehrmann; 1809)

Zeuge aus alter Zeit: Englischer Handkran von 1834 am Hafen in Tönning

Hafen Tönning – ein Idyll

Anno 1590 verlieh Herzog Johann Adolf Tönning die Stadtrechte. Ein neuer Hafen, ausgehend von der Eider, würde für die nunmehrige Stadt hilfreich sein – befand der Herzog. Er ließ 1613 den Hafen ausgraben, in schmaler, gewinkelter Form.
Genau so blieb der idyllische Hafen Tönning bis heute erhalten.

Hafen Tönning zur einen Seite – bei Ebbe

Hafen Tönning zur anderen Seite – zur Flutzeit

Norderbootfahrt

Um 1600 war Eiderstedt das Land der Milchviehhaltung. Und der Käseherstellung. So wurden beispielsweise im Jahr 1610 über den damaligen kleinen Sielhafen Tönning 3,5 Millionen Pfund Eiderstedter Käse ausgeführt.
Der Tönninger Hafen in heutiger Form entstand 1613. Um diese Zeit erfolgte auch der Bau neuer, bis zu 12 Meter breiter Kanäle auf Eiderstedt: Norderbootfahrt und Süderbootfahrt. Sie dienten einerseits der Entwässerung des Landes, andererseits dem Warentransport auf Booten. Neben den Kanälen verläuft auf langen Strecken ein fester Weg, auf denen die Boote getreidelt, das heißt gezogen, wurden.
Die 15 Kilometer lange Norderbootfahrt mündet als Entwässerungskanal noch immer in den Tönninger Hafen. Nur hochbeladene Boote mit Eiderstedter Käse kommen hier nicht mehr an.

Hier mündet der Kanal Norderbootfahrt in den Tönninger Hafen. Eine Aufnahme zur Ebbezeit im Hafen

Das Packhaus

Tönnings Hafen hat »goldene« Zeiten erlebt. Besonders bewirkt durch den Eiderkanal (Schleswig-Holstein-Kanal) ab 1784. Der Kanal ermöglichte die erste schiffbare Verbindung zwischen Ostsee und Nordsee. Von Holtenau bei Kiel bis Rendsburg als neu gegrabener Kanal, dann weiter auf der Eider bis Tönning, dem damals bedeutendsten Hafen- und Handelsplatz. Von Tönning sodann eiderabwärts in die Nordsee. Aus jener Zeit stammt das 1783 errichtete mächtige Packhaus am Tönninger Hafen. Es ist 77 Meter lang, 13 Meter breit, hat drei Stockwerke plus zwei Dachgeschosse, innen mit imponierender Holzständerkonstruktion.

Der 1895 eröffnete Nord-Ostsee-Kanal (damals: Kaiser-Wilhelm-Kanal) läßt Tönning sozusagen »links liegen«. Die Eiderkanal-Verbindung hat seither ausgedient. Tönnings Zeit als bedeutender Güterumschlagplatz war vorbei.

Heute dominieren Sportboote, ein paar Krabben- und Fischkutter sowie Ausflugsschiffe das beschauliche Hafenbild.

Sportboote dominieren das Bild des Tönninger Hafens. Dahinter das mächtige Packhaus, 1783 erbaut

Weiße Brücke, weißes »Schloß«

Die weiße Brücke über das Endstück des Tönninger Hafens ist eine Zierde des Stadtbildes. Das große weiße Gebäude drüben auf der Stadtseite ebenfalls. Als großen Speicher hat Senator Harald Lempelius es 1854 errichten lassen. Senator Lempelius wollte mit seinen Speicherkapazitäten am florierenden Güterumschlag des Hafens teilhaben. Mit Eröffnung des Nord-Ostsee-Kanals 1895 war es damit vorbei. Der Speicher wurde nicht mehr benötigt. Ein neuer Eigentümer ließ ihn 1901 zum Wohnhaus umbauen.
In Tönning wird der Ex-Speicher wegen seines prächtigen Aussehens das »Schloß« genannt.

Weiße Brücke, weißes »Schloß«

»Multimar Wattforum« – Wunderwelten des Meeres

Im Wattenmeer und in der offenen Nordsee leben 150 große Fischarten und zehntausende Arten Würmer, Quallen, Schnecken, Krebse und weitere wirbellose Tiere. Eine unendliche Vielfalt. Sie alle haben ihr jeweiliges »Zuhause« in unterschiedlichen Lebensräumen. Zum Beispiel Hafenbereich und Sandgrund, Felswand und Hochsee, Muschelbank und Seegraswiese, Brandungszone und Priel, Schlickgrund und Gezeitenzone.

Diese unterschiedlichen Lebensbereiche für die Tier- und auch Pflanzenwelt sind in den großen und auch kleineren Aquarien und Becken des Nationalpark-Zentrums »Multimar Wattforum« in Tönning exakt nachgestellt. So kann der Besucher betrachten und bewundern, was zwischen Küstendeich und Helgolands Felssockel lebt: Kuckucksrochen und Tintenfische, Hummer, Heringe und Dorsche, Seesterne, Seepferdchen und Seezungen, Zirrenkrake und Kuckuckslipp-

Zirrenkrake aus dem Becken »Felsgrund«

Kuckuckslippfisch aus dem Becken »Helgoländer Felssockel«

fisch, Wolfsbarsche und Goldbrassen, Taschenkrebse und Steinkrabben, Garnelen, Muscheln und Schnecken. Insgesamt 19.500 Tiere.
Aber das »Multimar Wattforum« ist nicht nur ein Ort zum staunenden Betrachten, sondern auch zum Erleben, Entdecken, Erfahren, Forschen und Spielen. Wie »funktioniert« Ebbe und Flut? Wieviel Eier legt eine Scholle? Wie ernährt sich die Sandklaffmuschel? Wie lange schwimmen Seepockenlarven frei umher? Wieviel Nordseewasser pumpt die Miesmuschel täglich durch ihre Kiemen? Wieviel tausend Wattschnecken leben auf einem Quadratmeter Wattboden? Wie entsteht eine Sandbank? Auf diese und auf (fast) alle weiteren Fragen zu den Themen Wattenmeer, Nordsee, Naturschutz, Nationalpark weiß das »Multimar Wattforum« die Antworten. Die winzig »kleinen Welten« des Wattenmeeres entdecken kleine und größere Forscher übrigens mit Mikroskop und Vergrößerungsglas.
Die »riesige Welt« der Meere wird dann in der Ausstellung »Wale, Watt und Weltmeere« gezeigt. Mit diesem imponierenden Höhepunkt, dem Skelett eines Pottwals, 17,5 Meter lang. Zu Lebzeiten 48 Tonnen schwer, das sind 48.000 Kilogramm.
Rund 200.000 Besucher kommen jährlich in das Nationalpark-Zentrum »Multimar Wattforum«. Tendenz stark steigend. Es ist – außer am 24. Dezember – ganzjährig geöffnet.

Das Eidersperrwerk

Das Eidersperrwerk an der »Nahtstelle« zwischen Eiderstedt und Dithmarschen wurde 1973 eingeweiht. Errichtet zur Sicherung der Menschen und Landschaften eideraufwärts vor Sturmfluten. Herzstück des imposanten Bauwerks sind die fünf riesigen Sieltore aus Stahl. Bei ruhiger See bleiben die Sieltore geöffnet, die Gezeiten können aus- und einströmen. Über das Sperrwerk führt eine Straße einschließlich Klappbrücke. Die Brücke wird bei Bedarf für die Schiffahrt geöffnet.

Die mächtigen Sieltore, gesehen von der Seeseite

DITHMARSCHEN, BÜSUM

Sophie's Koog

Könige haben es früher auch nicht immer leicht gehabt. Schwer hatten sie zu tragen an der Verantwortung für ihr Königreich. Da hatten manche Könige – gewissermaßen als netten Ausgleich für die Last des Reiches auf den königlichen Schultern – erhöhten Bedarf an Lust und Liebe. Wie zum Beispiel König Friedrich IV. von Dänemark. Der entführte zu diesem Zweck anno 1712 die 19jährige Anna Sophie Gräfin zu Reventlow, machte sie zu seiner Geliebten. Zum Zeitpunkt dieser Liebes-Missetat war der König 41 Jahre alt, folglich 22 Jahre älter als seine blutjunge Gräfin. Immerhin, der Dänenkönig heiratete Anna Sophie »zur linken Hand« – so hieß das damals. Man könnte auch sagen, Gräfin Reventlow war nunmehr eine Geliebte mit Sonderstatus. Zur »rechten Hand«, sprich ordnungsgemäß, konnte Friedrich IV. seine Sophie (noch) nicht heiraten. Er war seit 1695 mit Luise Prinzessin von Mecklenburg regulär vermählt.

Vermutlich als Morgengabe seiner linkshändigen Ehe ernannte der König Sophie zur Herzogin von Schleswig-Holstein. Und übertrug ihr mit Lehensbrief die Vorländer Süderdithmarschens, einschließlich Anwachs und etwaiger Neubedeichungen. Oldekop schreibt*):

*»Nachdem in der Sturmflut von 1717 der Deich des Kirchspiels Marne zerstört worden und in der früheren Weise nicht wieder hergestellt werden konnte, wurde ein Stück Außendeichsland von ca. 300 Morgen**) mitbedeicht, der dadurch entstandene Koog Sophienkoog aber der Besitzerin reserviert.«*

Der Vollständigkeit halber: 1721 hat König Friedrich IV. – nach dem Tode seiner ersten Frau – Anna Sophie auch öffentlich und ganz regulär geheiratet und sie zur Königin gemacht. 1730

Sophienkoog: Wo einst Nordsee war, wächst heute in langen Reihen Kohl

starb der König, Anna Sophie ist - 37jährig - Witwe. Den nach ihr benannten Sophienkoog hatte sie bereits vorher, mit Vertrag vom 20. April 1725, dem Kammerrat Jebens verkauft.
Durch weitere, spätere Eindeichungen ist der Sophienkoog »weggerückt« von der unmittelbaren Küste. Er ist gelegen knapp westlich von Marne, östlich vom Kronprinzenkoog.

*) In »Topographie des Herzogtums Holstein, 2. Band, 1908

**) Das genannte Flächenmaß »Morgen« entsprach damals laut Oldekop 1,35 Hektar. Das ergäbe eine Größe von 405 Hektar für den Sophienkoog

So wird Kohl gepflanzt

Wattführer Johann P. Franzen

Mit Johann P. Franzen ins Watt

Ein Hochsommertag. Strahlende Sonne vom Himmelsblau. Eine leichte Brise fächelt Kühlung. Es ist Ebbe. Ideale Voraussetzungen zur geführten Wanderung vom grünen Deich-Strand der Meldorfer Bucht hinaus ins Watt. Ungefähr 25 Personen sind heute dabei.
»*Hier*«, sagt der freiberuflich tätige Nationalpark-Wattführer Johann P. Franzen, »*ist das Watt biologisch besonders hochwertig.*« Es ist Schlickwatt, in das man Schritt für Schritt knöcheltief einsinkt. Ein Spaß bei diesem Superwetter. Der Wattboden ist sonnendurchwärmt. Die geführte Wattwanderung ist fröhlich, unterhaltsam, abwechslungsreich. Und man erfährt vieles. Wie die Sandklaffmuschel lebt. Wie sich die Herzmuscheln in den Wattboden einbuddeln. Was es auf sich hat mit dem Wattwurm, mit dem Kotpillenwurm und mit manchen anderen Wattbewohnern. Da wird nicht theoretisiert, sondern demonstriert. Dafür hat Wattführer Franzen seine blitzblanke Grabeforke mitgebracht.
Die Erwachsenen sind interessiert, die Kinder – vom Wattführer ins Geschehen aktiv einbezogen – begeistert.
So ganz »nebenbei« lernen die Wattwanderer die verschiedenen Wattformationen kennen, verstehen mehr von Prielen, empfinden intensiver die Schönheit dieses einzigartigen Naturraumes. Und sie sind sensibilisiert für die Gefahren, die demjenigen drohen, der unerfahren, leichtsinnig, unwissend sich zur falschen Zeit an der falschen Stelle zu weit hinauswagt.
Geführte Wattwanderungen mit qualifizierten und zertifizierten Wattführern werden von fast allen Küstenorten aus angeboten. Über Termine und Treffpunkte geben Tourismusbüros und Kurverwaltungen Auskunft. Und natürlich die Wattführer. Wie zum Beispiel Johann P. Franzen, Telefon 04857-239.

Geführte Wattwanderung im Schlickwatt

Friedrichskoog Hafen

»Friedrichskoog hat mit über 22 registrierten Krabbenkuttern den größten Kutterhafen an der Westküste Schleswig-Holsteins.« So steht es im Urlaubsmagazin für das Nordseeheilbad Friedrichskoog, Ausgabe 2008. Die großen Kutter sind natürlich nicht ständig im Hafen. Weil sie draußen auf See fischen. Oder weil sie den Fang in anderen Häfen löschen. Aber aufgereiht am Kai liegen kleinere Krabbenfangboote. *»Das sind überwiegend Freizeit- und Nebenerwerbsfischer«*, sagt ein Einheimischer. Und ein großer Kutter hat doch festgemacht. Ganz ohne Krabbenfischer-Flair ist Friedrichskoog Hafen eben nie.

Kleinere Kutter und Boote am Kai

Motiv im Hafen Friedrichskoog

FRL22
Flipper

Aufgeslipt

Die wahre Größe eines Friedrichskooger Krabbenkutters wird sichtbar, wenn dieser aufgeslipt auf dem Trockenen liegt. Zwecks Rundum-Pflege und Wartung. *»Das machen wir einmal im Jahr«*, sagt Kuttereigner und Fischer Jan Urthel. Und ergänzt auf Nachfrage lachend: *»Nee, eine Fremdfirma brauchen wir nicht. Das machen wir alles selbst.«*

Fischer und Kuttereigner Jan Urthel

Bevor neu lackiert werden kann, ist schleifen angesagt

Rechts:
Krabbenkutter »RUGENORT« aufgeslipt im Hafen Friedrichskoog

RUGENORT
FRIEDRICHSKOOG

2 2

Friedrichskoog-Spitze

Friedrichskoog ist als Ortschaft zweigeteilt. In Friedrichskoog, mit dem malerischen Hafen. Und in Friedrichskoog-Spitze. Spitze deshalb genannt, weil sich hier die Halbinsel Dieksand (auf der sich der Koog Friedrichskoog befindet) wie eine abgerundete Spitze ins Meer hineinreckt. *»Und«*, sagen die Verantwortlichen, *»wir sind auch spitze«*. Mit dem gepflegten, gebührenfreien, grünen Strand auf dem sanft abfallenden Deich. Mit bewachten Nordsee-Badestellen. Mit dem Kurmittelhaus. Und Ferienhäusern und Ferienwohnungen zu moderaten Preisen. Mit 5-Sterne-Luxus-Ferienhäusern nach dänischem Vorbild. Und mit allem, was zu einem modernen, in der Größe überschaubaren, familienfreundlichen Nordseeheilbad dazugehört. Eines der Restaurants heißt »Zur Spitze«. Es befindet sich direkt hinter dem Deich. Oder so gesagt: Direkt auf der Spitze von Spitze.

Am grünen Deich-Strand von Friedrichskoog-Spitze

Blick vom Deich auf Friedrichskoog-Spitze

Nachgezählt: Es sind vierzig

Kinder- und Jugendgruppen zur Erholung an der Nordsee. Das hat Tradition. Diese fröhliche Rasselbande hat gerade einen Spielevormittag auf dem grünen Deichstrand von Friedrichskoog, direkt am Nordseeufer, erlebt. Jetzt geht es zum Mittagessen. Auf der Deichkrone wird noch einmal nachgezählt: Es sind vierzig, niemand fehlt.

Es sind vierzig - wirklich

Der Meldorfer Hafen »wanderte« westwärts

Meldorf, die ehemalige Dithmarscher Landeshauptstadt, mit dem berühmten, altehrwürdigen Dom, ist - im besten Sinne - eine beschauliche Kleinstadt, gemütlich und aktiv zugleich. Meldorf, auf Geesthügeln erbaut und heute im Landesinnern gelegen, war auch immer Hafenort. Henning Oldekop schreibt in seiner »Topographie des Herzogtums Holstein« (2. Band, 1908): *»In alter Zeit mündete die Miele bei der Stadt in das Meer und Schiffahrt und Handel waren es, welche Meldorf mit seinem dicht am Ort liegenden Hafen zur ersten Stadt Dithmarschens machten.«*

In »alter Zeit«, sprich: in uralter Zeit, lag Meldorf am Meer. Die Nordsee reichte bis an die Kliffs der Geest. Die (heute so bezeichnete) Alte Marsch war noch nicht aufgeschlickt, noch nicht entstanden. Mit dem Entstehen der Alten Marsch wich die Nordsee zurück, weiter westwärts. Damit auch die Mündung des kleinen Flüßchens Miele. Ebenfalls der Meldorfer Hafen. Johannes von Schröder/Herm. Biernatzki berichten 1856 in der 2. Auflage ihrer »Topographie der Herzogthümer Holstein und Lauenburg...«: *»Der Hafen ist ½ Meile entfernt und hält in der Mitte bei gewöhnlichem Wasserstand*

Im Neuen Meldorfer Hafen

Längst ausgediente Dalbenreihe vor der vormaligen Einfahrt zum Alten Meldorfer Hafen

10 ½ Fuß Wasser; die neue Hafenschleuse ward 1830 erbaut.«

Die »Wanderung« des Meldorfer Hafens westwärts setzte sich fort. Christian Degn und Uwe Muuß schreiben in ihrem »Luftbildatlas Schleswig-Holstein« (5. unveränderte Auflage 1974, Erstauflage 1965)*): *»An der Mündung der Miele liegt der kleine Meldorfer Hafen. Die jetzige Anlage ist in den Jahren 1947 bis 1952 geschaffen worden. (...) Die Nordschleuse, die nur der Schiffahrt dient, (...) macht den inneren Hafen gezeitenunabhängig. Die Erzeugnisse des Ackerbaus auf dem fruchtbaren Marschboden, Getreide, Raps und Kohl, werden teilweise im Hafen an der Mielemündung verladen.«*

Dann wurden in zwei Abschnitten, 1969/1972 und 1974/1978, Teile der Meldorfer Bucht eingedeicht. Der Dithmarscher Speicherkoog entstand. Die Mündung der Miele mitsamt dem Meldorfer Hafen wurde erneut westwärts, zur neuen Außendeichlinie, verlegt. Seither steht in den Landkarten: Neuer Meldorfer Hafen. Bis zur liebenswerten Kleinstadt Meldorf sind es – Luftlinie – rund 8 Kilometer.

*) Karl Wachholtz Verlag Neumünster

Büsum – Nordseeheilbad seit 1837

Büsum zählt knapp 5000 Einwohner. Das ließe einen kleinen, ziemlich stillen Ort vermuten. Von wegen! Zu den 5000-Einwohner-Betten kommen 13.000 bestens frequentierte Gästebetten. Und außerdem bevölkern »Heerscharen« von Tagestouristen diesen beliebten Ort, Nordseeheilbad seit 1837. Weil bekanntlich frische Nordseeluft zu jeder Jahreszeit gesund und erholsam ist, herrscht in Büsum immer Betrieb, ist immer »'was los«.

An Angeboten mangelt es nicht. Zum Beispiel: 3,5 Kilometer grüner Deichstrand - 100.000 Quadratmeter Sandstrand - Watt zum Wandern - 2500 Strandkörbe - Erlebnisbad Piraten-Meer - Wellness- und Thalassozentrum Vitamaris - »Sturmflutenwelt Blanker Hans« - Museum am Meer - Büsumer Kutterregatta - Wattenpolonaise mit Musik - 94 Restaurants/Gaststätten/Imbißbetriebe - 55 Geschäfte und Boutiquen - 11 Kinderspielplätze. Und der Hafen, die Kutter, die Krabben.

In Büsum: Sommer-Hochbetrieb am grünen und am weißen Strand

Nordsee tut gut!

Büsum maritim

Bunte Hafenbilder sorgen für Flair: Krabbenkutter - ein Seenotkreuzer der Deutschen Gesellschaft zur Rettung Schiffbrüchiger (DGzRS) - Segel- und Motoryachten - Museumshafen - Büsums Wahrzeichen: der Leuchtturm von 1913 - Boote für Hafenrundfahrten - Ausflugsschiffe - das Hafensperrwerk.

Maritime Motive - wohin man blickt.

Die Tore des Büsumer Hafensperrwerks sind geöffnet. Die Schiffe haben freie Fahrt

Seebad Büsum - notiert 1907

»Büsum zählt zu den billigsten und dabei gemütlichsten deutschen Nordseebädern, da seine meist wohlhabenden Einwohner nicht auf Ausbeutung der Fremden angewiesen sind.«

(Aus: »Meyers Reisebücher. Nordseebäder«, dritte Auflage; Bibliographisches Institut. 1907)

Einlaufender Krabbenkutter im Museumshafen. Im Hintergrund der Leuchtturm von 1913

Krabbenkutter am Kai

MUSEUM
BÜS

Büsums Fischerkirche St. Clemens

Eine erste Kirche wird 1140 erwähnt. Fischerkirche nennen die Büsumer ihr evangelisches Gotteshaus zutreffend, Fischerort ist Büsum seit »undenklichen Zeiten«. Fischkutter, vor allem Krabbenkutter, bestimmen nach wie vor das Hafenbild.

Kirchenamtlich ist die Kirche allerdings nach Sankt Clemens benannt. Vielleicht bereits seit 575 Jahren. Denn seit der Zeit um 1434 soll die Kirche St. Clemens am jetzigen Platz stehen. Die Wahl von St. Clemens als Namenspatron der Kirche war überlegt gewählt. Gilt der Heilige Clemens, gestorben als christlicher Märtyrer um 100 n. Chr., doch als »Patron« der Schiffer und Seeleute, auch als Schutzheiliger gegen Stürme und Schiffbruch*).

*) Angaben zu St. Clemens nach »Immerwährender Heiligenkalender« von Albert Christian Sellner. Eichborn Verlag, 1993

Blick vom Deich auf Büsums Fischerkirche St. Clemens

Sturmflut unterm Dach

Schwere Sturmflut. Die Halligen sind »blank gelaufen«, melden »Landunter«. Auf Sylt holen die aufgewühlten Wogen Strandsand und Dünen zurück ins Meer. Die Tore des Eidersperrwerks sind ebenso geschlossen wie die Hafensperrwerke von Husum, Friedrichskoog, Büsum und am Neuen Meldorfer Hafen. Die Außendeiche stehen im Härtetest. Schwere Sturmflut ist eine enorme Herausforderung für sämtliche Schutzbauten der Menschen. Eine Sturmflut ist keine Touristenattraktion - außer in Büsum. Dort kann der Besucher diese Form der Naturgewalt unterm Dach erleben, im Haus »Sturmflutenwelt Blanker Hans«, täglich von 10.00 bis 18.00 Uhr.

In einer Rettungskapsel läßt sich Sturmflut von allen Seiten, mit allen Sinnen hautnah erfahren - atemberaubend, auch beklemmend, großartig und höchst informativ. Wer nach diesem hoch emotionalen Erlebnis noch mehr wissen möchte, hat dazu vielfältige Gelegenheit. Zum Beispiel an der »Wettermaschine« oder im Windkanal mit Orkanstärke 12. Wer »Sturmflutenwelt Blanker Hans«, Büsums einzigartige Attraktion, besucht hat, weiß anschließend mehr über Wasserkreislauf, Gezeiten, Wetterphänomene - und über das Phänomen Sturmflut.

Wie eine Sturmflutwelle - das Gebäude von »Sturmflutenwelt Blanker Hans« in Büsum

Vestas

Windnutzung

Wind weht fast immer an der Küste. Der diente früher zum Antrieb der Windmühlen, die Korn zu Mehl vermahlten. Kornwindmühlen sind längst überholt, nicht mehr wettbewerbsfähig. Lange blieb seitdem der schöne Küstenwind ungenutzt. Bis die Windenergieanlagen kamen. Weil Nordfriesen, Eiderstedter und Dithmarscher mit einer soliden Portion Erwerbssinn ausgestattet sind, waren sie von Anfang an dabei. Im Küstenland wurden viele Windkraftanlagen errichtet. Die den Wind zu Energie, zu Strom »vermahlen«. Feinster »Öko-Strom« wird hergestellt, völlig umweltfreundlich. Außerdem - wie man heute sagt - nachhaltig. Denn der Wind geht, anders als Öl, nicht zur Neige.

Windenergieanlagen gehören an der Küste zum Landschaftsbild

WINDTEST – wo einst »Growian« stand

Strom aus Windenergieanlagen und Kaiser-Wilhelm-Koog - das gehört zusammen. Seit dem 6. Juli 1983, als hier mit »Growian« das »Öko-Strom-Zeitalter« begann. »Growian« war die Abkürzung für Große Wind Anlage. Technisch war »Growian« noch nicht ausgereift, die zwei 50 Meter langen Rotorblätter auch überdimensioniert und daher sehr störanfällig. Bereits 1987 kam das Aus für diese Erprobungsanlage. Aber »Growian« lieferte wichtige Erkenntnisse. Auch die Erkenntnis, daß Windenergietechnik und -nutzung vielfältiges, detailliertes, stets weiter zu entwickelndes Wissen erfordern.

Optimale Windenergieanlagen auch dank WINDTEST

Das Unternehmen WINDTEST stellt derartiges Wissen in umfangreicher Form zur Verfügung. Zitate aus dem Firmenportrait:

»WINDTEST Kaiser-Wilhelm-Koog GmbH – der Name steht heute als Begriff für Messungen im Bereich Windenergie. Ob Bestimmung der WINDverhältnisse oder TEST von Windenergieanlagen (WEA), international ist der Begriff WINDTEST bekannt für qualitativ hochwertige Dienstleistungen. Bereits in den Anfangsjahren der kommerziellen Windenergienutzung in Deutschland, 1989, wurde WINDTEST am Standort Kaiser-Wilhelm-Koog gegründet. Unterstützt durch die Gesellschafter
- Gemeinde Kaiser-Wilhelm-Koog
- Kreis Dithmarschen
- Land Schleswig-Holstein
- E.ON Hanse AG
- Germanischer Lloyd WindEnergie GmbH
und mit dem Vorzug des in Windenergiekreisen durch das GROWIAN-Projekt und den ersten deutschen Windpark bekannten Standortes, entwickelte sich die Gesellschaft inzwischen zu einem Partner der Industrie, der Betreiber und der Behörde mit internationalem Wirkungskreis. Inzwischen ist WINDTEST zu 100 % als Tochter der Germanischer Lloyd Industrial Service GmbH tätig. Durch die Tochterfirma WINDTEST Ibérica S.L. sind wir in Spanien vertreten.«

Übrigens: WINDTEST arbeitet ohne öffentliche Mittel.

In die »Gondel« geschaut

Wie groß ist eigentlich die »Gondel« einer Windkraftanlage, hoch oben am Turm? Und wie sieht es im Innern aus? Auf dem Gelände der »WINDTEST Kaiser-Wilhelm-Koog GmbH«*) ist eine Ausstellungs-Windenergieanlage vom Typ WKA 60 II für Interessierte frei zugänglich. Auch das Innere der »Gondel« kann betreten werden. Der Laie staunt. Über die Dimension der »Gondel«. Und über deren Ausstattung mit Getriebe, Rotorbremse, Rotorwelle, Rotornabe, Blattverstellmechanismus, Turmlager, Generator, Schaltschränken. Die WKA 60 II wurde Anfang der 1990er-Jahre von der Firma MAN hergestellt. Die Leistung beträgt 1200 kW, die Nabenhöhe 50 Meter, der Rotordurchmesser 60 Meter. Zwei (von sonst drei) Rotorblätter sind an dieser Ausstellungs-Windenergieanlage anmontiert. Ein sehr eindrucksvolles Bild!

*) Sommerdeich 14b, 25709 Kaiser-Wilhelm-Koog. »WINDTEST« ist ein Unternehmen der Germanischen Lloyd Gruppe

Die WKA 60 II am Boden

Im Innern der Gondel einer Windenergieanlage

Brunsbüttel und der Nord-Ostsee-Kanal

Geographisch genau genommen, liegt Brunsbüttel an der Elbe, nicht direkt an der Nordsee, folglich auch nicht an der schleswig-holsteinischen Nordseeküste. Aber bis zur Südspitze eben dieser Küste, nämlich bis Neufelderkoog, sind es nur knappe zehn Kilometer. Und der Nord-Ostsee-Kanal, der bei Brunsbüttel beginnt (bzw. endet), gehört eben doch zur Nordsee(küste). Schließlich heißt der Kanal Nord-Ostsee-Kanal, nicht etwa Elbe-Ostsee-Kanal. Und deshalb wird der Kanal und werden die Kanalschleusen in diesem Buch vorgestellt.

Der Nord-Ostsee-Kanal wurde durch Kaiser Wilhelm II. nach achtjähriger Bauzeit am 21. Juni 1895 eröffnet. »Getauft« auf den Namen Kaiser-Wilhelm-Kanal, zu Ehren seines Großvaters, Kaiser Wilhelm I. In dessen kaiserlicher Zeit hatte der Kanalbau begonnen. Die Grundsteinlegung erfolgte am 3. Juni 1887. Im Jahr 1948 wurde der Kanal offiziell umbenannt. Seither: Nord-Ostsee-Kanal. In internationalen Schiffahrtskreisen allerdings nur als Kiel Canal bekannt.

Der Kanal, von Brunsbüttel bis Kiel-Holtenau, ist 98,63 Kilometer lang. Die Kanalpassage dauert, je nach Schiffsgröße und Verkehrsdichte, zwischen 6,5 und 8,5 Stunden. Den Schiffen erspart der Kanal den langen Weg um Skagen. Im Mittel eine Ersparnis von rund 250 Seemeilen (= 463 Kilometer). Für die Schiffahrt besonders bedeutungsvoll sind die Zeitersparnis und der geringere Treibstoffverbrauch.

Der Nord-Ostsee-Kanal ist die meistbefahrene künstliche Seewasserstraße der Welt. Jährlich werden um 43.000 Schiffspassagen registriert, Sportfahrzeuge und ähnliche Kleinboote nicht gerechnet. Die durch den Kanal transportierte Ladungsmenge beträgt pro Jahr rund 100 Millionen Tonnen.

Die Schleusenkammern in Brunsbüttel und Kiel-Holtenau haben eine Nutzlänge von 310 Meter, eine Nutzbreite von 42 Meter und eine Drempeltiefe*) von NN - 14,00 Meter. Die Schleusungszeit beträgt im Mittel 45 Minuten.

*) Drempel = Schwelle im Schleusenbau

Blick in die Schleusenkammer in Brunsbüttel

Festmachen eines Schiffes in der Schleuse

Höchst notwendige Schlußbemerkung

Der Autor - ein Schleswig-Holsteiner - hat auf Touren, Wanderungen, Spaziergängen und durch Aufenthalte zwei Jahre lang »seine« Nordseeküste speziell für dieses Buch erneut erkundet. Er hat notiert und fotografiert, was ihm typisch erschien für die Küste, für das Wattenmeer, für Inseln und Halligen, für die Köge, für Städte und Dörfer, für Land und Leute. So hat sich ein stimmungsvolles, informativ-unterhaltsames Kaleidoskop zusammengefügt über die Nordseeküste des Landes zwischen den Meeren.

Allerdings war Vollständigkeit weder möglich noch beabsichtigt. Beispielhaft wird die Küste mit ihren unterschiedlichen Facetten vorgestellt. Verlag und Autor bitten deshalb um Verständnis, wenn in diesem Buch (zwangsläufig) »etwas fehlt«.

Orts- und Sachregister

Reisebilder …
Norddeutschland von seinen schönsten Seiten

Reisebilder Angeln Landschaft zwischen Förde und Schlei
200 S., 196 Abb.,
mit Schutzumschlag
ISBN 978-3-86108-470-9
22.00 €

Reisebilder Fehmarn
152 S., 160 Abb.,
mit Schutzumschlag
ISBN 978-3-86108-492-1
9.90 €

Reisebilder Flensburg und entlang der Flensburger Förde
216 S., 226 Abb.,
ISBN 978-3-86108-952-0
22.00 €

Reisebilder Kiel und Umgebung
208 S., 217 Abb.,
mit Schutzumschlag
ISBN 978-3-86108-481-5
22.00 €

Reisebilder Kreis Herzogtum Lauenburg
208 S., 254 Abb.,
ISBN 978-3-86108-900-1
20.90 €

Reisebilder Mecklenburg-Vorpommern
224 S., 234 Abb.,
mit Schutzumschlag
ISBN 978-3-86108-463-1
9.90 €

Reisebilder Niedersachsen
296 S., 342 Abb.,
mit Schutzumschlag
ISBN 978-3-86108-953-7
24.90 €

Reisebilder Nord-Ostsee-Kanal/ Kiel Canal
deutsch/englisch
240 S., 177 Abb.,
mit Schutzumschlag
ISBN 978-3-8378-5003-1
22.00 €

Mehrsprachige Porträts

Alle Porträts:

- 60 farbige Seiten
- Format 20x20 cm
- gebundene Ausgabe
- mehrsprachig
- 9.90 €

Kiel
Dt., Engl., Span.
ISBN 978-3-86108-932-2

Eiderstedt
Dt., Engl., Dän.
ISBN 978-3-8378-5002-4

Eckernförde
Dt., Engl., Frz.
ISBN 978-3-86108-933-9

Flensburg
Dt., Engl., Dän.
ISBN 978-3-86108-943-8

Nordstrand
Strucklahnungshörn
Pohnshalligkoog
HUSUM
Hallig Süderoog
Hallig Südfall
Süden
Süderhafen
Rödemis
Süderoog Sand
Adolfskoog
Heverstrom
Everschopsiel
Uelvesbüll
Treene
Westerheversand
Osterhever
Westerhever
Friedrichstadt
Oldenswort
Leuchtturm Westerhever
Tümlauer Koog
Garding
Sandbank
B 202
Eider
St. Peter-Ording
Eiderstedt
Tönning
Grothusenkoog
Ehstensiel
B 5
Eidersperrwerk
Eider
Wesselburen
HEIDE
B 203
Westerdeichstrich
Büsum
Leuchtturm Büsum
Miele
Speicherkoog
Meldorf
Nordsee
Meldorfer Bucht
Süderau
A 23
Dithmarschen
Friedrichskoog-Spitze
Dieksand
Kronprinzenkoog
B 5
Friedrichskoog
Kaiser-Wilhelm-Koog
N
Sophienkoog
Marne
0 5 10km
Neufelderkoog
Neufeld
Brunsbüttel
Kanalschleusen
Nordseeküste Schleswig-Holstein
Elbe
© Edition Temmen